Bonsaï

Bonsaï

Textes

Myriam Blanc

ÉDITIONS S.A.E.P. 68040 INGERSHEIM - COLMAR

Sommaire

Un chemin vers la perfection

Voilà une trentaine d'années que les bonsaïs, venus du Japon, ont fait chez nous une apparition remarquée. En ce début de troisième millénaire, on peut dire qu'ils ont su gagner le cœur d'un large public.

Qu'est-ce qu'un bonsaï ?

Le plus simple, pour commencer, est peut-être de définir le bonsaï en quelque sorte en creux, par la négative, par tout ce qu'il n'est pas. Un bonsaï, donc, n'est pas un bibelot, mais un être vivant. Cela mérite d'être souligné, à l'heure où les bonsaïs gagnent les intérieurs. Sa place n'est pas sur le téléviseur du salon, où il sera rapidement victime d'un « coup de chaud » fatal. Un bonsaï n'est pas non plus une plante en pot ordinaire, il ne réclame pas les mêmes soins.

Qu'est-ce donc qu'un bonsaï ? Son nom, d'origine japonaise, signifie littéralement « arbre cultivé sur un plateau », ou plus simplement « arbre en pot ». Le Petit Larousse nous indique qu'il s'agit d'un « arbre nain cultivé en pot, obtenu par la taille des racines et des rameaux, et la ligature des tiges ». Les principales techniques de formation sont évoquées, tout est dit. Presque tout. Car cette définition laisse de côté l'essence même de l'art du bonsaï japonais : sa recherche de l'harmonie et, partant, sa vocation spirituelle.

Certes, tous les amateurs de bonsaïs ne se soucient pas d'atteindre au divin, mais tous auront profit à connaître la philosophie intensément religieuse de cet art, car elle fonde l'ensemble des règles qui gouvernent la création de ces « arbres en pot » depuis des millénaires, et aujourd'hui encore. Bien plus qu'un arbre, le bonsaï, à l'origine apanage des moines bouddhistes, se veut recréation du monde, de l'harmonie naturelle, elle-même reflet de la perfection divine. Les premiers bonsaïs,

La forme saikei, ou paysage, évoque le jardin japonais. Ici des pins à cinq aiguilles (Pinus pentaphylla) *âgés de 20 ans.*

pourtant, n'étaient pas cultivés mais collectés dans les forêts et montagnes. Et c'est par cette longue quête de l'arbre parfait que s'est d'abord exprimé leur caractère religieux. Tous les styles de bonsaïs, en vigueur depuis des temps presque immémoriaux, proposent une image idéalisée de la nature, saisie dans une épure parfaite comme le trait de pinceau du peintre. En ce sens, la place du bonsaï est au jardin japonais, qui recrée tout un paysage dans la pureté de ses lignes. Ajoutons à cette définition quelques considérations plus prosaïques, de tailles, puisque arbre miniaturisé il y a. Selon les canons de l'art, un bonsaï est dit « miniature » lorsqu'il mesure moins de 23 cm du haut du pot à la cime ; il est « moyen » entre 23 et 50 cm ; « grand » entre 50 cm et 1,20 m.

Une histoire millénaire

Comme bien des traditions japonaises, le bonsaï est né en Chine, probablement au IIIe siècle av. J.-C., période à laquelle on aurait commencé à prélever dans la nature des arbres nains sculptés par les éléments. La première représentation d'un arbre miniature en pot est attestée sur la tombe de l'empereur Tang Zhang Huai, mort en 705 apr. J.-C. L'art véritable du pensai (ou p'en-tsai) en tant qu'arbre cultivé va prendre son essor au XIIe siècle de notre ère. Il est alors un loisir réservé à la noblesse. Au début de la dynastie des Qing, dont le règne commence en 1644, apparaît le penjing (ou p'en-tsing), qui associe plusieurs arbres pour former un paysage. À cette époque, le pensai gagne en Chine toutes les couches de la population.

C'est donc une pratique déjà plusieurs fois millénaire qui arrive au Japon, probablement au XIIIe siècle, dans les bagages des moines et des marchands. Mais les élèves vont dépasser les maîtres ! Car c'est au pays du Soleil-Levant que l'art du bonsaï acquiert véritablement ses lettres de noblesse. Là que sont fixés les canons de beauté et les règles d'harmonie, les styles ; là qu'un simple végétal en pot devient création artistique, chef-d'œuvre.

Jusqu'à la fin du XIXe siècle, le bonsaï reste le privilège des moines, des nobles et des lettrés. Depuis il a conquis le cœur de tous les Nippons, qui vouent à leurs plantations une véritable dévotion. On voit ainsi trôner sur les étals des plus humbles marchandes de nouilles de minuscules spécimens, objets de soins passionnés, qui font la légitime fierté de leurs propriétaires.

Si l'on trouve aujourd'hui de belles collections aux États-Unis et en Europe, où commence à se développer une production digne de ce nom, les arbres les plus beaux, les plus âgés, sont au Japon. Certains sujets de la collection de l'ancien empereur Hirohito auraient plus de mille ans…

Ne perdons pas de vue, cependant, qu'un bonsaï, tout porteur d'éternité qu'il soit, est d'abord un arbre, avec toutes ses caractéristiques botaniques. Si vous ne respectez pas ses exigences, il s'étiolera, ou mourra. Nous nous efforcerons, tout au long de ces pages, de vous indiquer comment le traiter au mieux.

C'est au Japon que le bonsaï est devenu un art majeur, comme le soulignent les deux spécimens de cette estampe.

Premiers pas avec un bonsaï

L'entretien d'un bonsaï est affaire de rigueur, un peu, et de constance, surtout.

Choisir votre bonsaï

Si le choix d'un bonsaï est d'abord affaire de goût, il est bon de connaître les styles qui gouvernent cet art et quelques caractéristiques de l'espèce que l'on acquiert afin d'acheter en toute sérénité.

Les styles

Tous les bonsaïs présentent au fond la même et unique forme de base, celle du triangle, dans lequel doivent s'inscrire les branches et le feuillage. Dans la tradition japonaise, les lignes du triangle symbolisent le ciel, la terre et l'homme, et c'est son inclinaison qui définit chaque style. Ces styles séculaires sont extrêmement nombreux, mais il est d'usage de les diviser en cinq styles principaux et des variantes que l'on classe suivant le nombre de troncs ou d'arbres.

Les styles principaux (un tronc)

Chokkan
forme rigoureusement verticale

Moyogi
forme presque verticale

Shakkan
forme légèrement penchée

Han-Kengai
forme en semi-cascade

Kengai
forme en cascade

Les variantes (un tronc)

Bankan
le tronc est enroulé en torsade

Bunjingi ou « du lettré »
le tronc est fin et oblique avec des branches seulement au sommet

Fukinagashi
forme battue par les vents

Hôkidachi
forme en balai

Ishitsuki
forme sur roche

Neagari
les racines sont exposées

Plusieurs troncs, une seule racine

Kabudachi
troncs multiples sur une racine cachée

Netsunagari
troncs multiples sur une racine à la forme torturée

Ikadabuki
troncs multiples sur une souche visible, en forme de radeau

Plusieurs arbres, forêts

Au-delà de deux arbres, les bonsaïs en forêt sont toujours plantés en nombre impair

Nanahon-Yose
sept arbres

Soju
deux arbres

Sambon-Yose
trois arbres

Gohon-Yose
cinq arbres

Kyûhon-Yose
neuf arbres

Yose-Ue
plus de neuf arbres

Une plante pour l'intérieur ou l'extérieur ?

Le premier point à considérer lors de l'achat d'un bonsaï est l'endroit où vous pensez l'installer : à l'intérieur ou à l'extérieur ? On ne le dira jamais assez : contrairement à une idée bien ancrée qui associe en Occident culture en pot et plantes d'appartement, l'écrasante majorité des bonsaïs ne se plaît que dehors et ne survit pas à l'intérieur.

Ces dernières années, on a vu se développer à l'adresse des infortunés qui ne possèdent ni jardin ni balcon toute une série d'espèces tropicales conduites en bonsaï. Bien loin de la tradition japonaise, elles sont cependant parfois tout à fait élégantes, à l'image des *Ficus,* et ont le grand mérite de s'adapter aux conditions climatiques de nos appartements, pour peu qu'on leur garantisse de la lumière et un minimum d'humidité. Certaines espèces, le plus souvent originaires du bassin méditerranéen ou d'Asie méridionale, auront besoin quant à elles de passer la belle saison dehors, mais devront être protégées en serre froide durant l'hiver. À défaut, une véranda ou un garage, même un peu sombre, feront l'affaire, à condition que la température y soit comprise entre 5 °C et 10 °C. Ces plantes sont dites d'« orangerie ».

Les fiches pratiques de la fin de cet ouvrage vous indiqueront précisément à quelle catégorie appartient chaque espèce.

Où placer votre bonsaï ?

Un bonsaï n'est pas conçu pour être vu d'en haut. Ainsi écrasé par le regard, il perd tout intérêt. À l'extérieur, au jardin ou sur un balcon, il gagnera à être placé sur un caillebotis à hauteur des yeux. Si vous possédez plusieurs spécimens, installez-les en gradins, les plus grands derrière. Ce type de claies a l'avantage aussi de permettre un bon écoulement de l'eau. Veillez à assurer assez d'ombre aux espèces qui craignent le soleil direct.

À l'intérieur, ne mettez surtout pas votre bonsaï sur la tablette d'un radiateur, ni sur le téléviseur, il y fait bien trop chaud ! Toutes les espèces d'intérieur ont besoin de lumière. De beaucoup de lumière. Placez-les (éventuellement sur une étagère spécialement conçue à cet effet) tout contre la fenêtre la plus lumineuse de la maison. Car l'intensité des rayons solaires, déjà bien altérée par la vitre, diminue de façon exponentielle lorsqu'on s'éloigne de leur source. L'été, pour éviter les risques de brûlures et de déshydratation, couvrez les carreaux d'un voilage léger.

La place de votre bonsaï n'est pas forcément au salon. Une salle de bain bien éclairée est un lieu presque idéal grâce à l'humidité qui y règne. Certes, vous profiterez peut-être moins de votre plante, mais le spectacle qu'elle vous offrira sera éclatant de santé !

Première question à vous poser avant l'achat : votre bonsaï vivra-t-il dehors ou dedans, comme l'eugénie ci-dessous (Eugenia uniflora, âgée de 52 ans) ?

Savoir acheter

Bien des collections ont commencé par un achat. Mais bien des acheteurs aussi ont renoncé à jamais aux bonsaïs après une mauvaise acquisition. Bref, savoir acheter est essentiel.

Tout d'abord, considérez les conditions de vie que vous allez offrir à votre plante : vivra-t-elle dehors ou dedans ? À quelle exposition ? Habitez-vous le Midi ou la région parisienne ? Autant de données qui vont guider le choix de l'espèce. Souvenez-vous aussi que l'entretien d'un bonsaï demande souvent beaucoup de temps.

Le prix d'un bonsaï dépend surtout de son âge. Pour un premier achat, il paraît raisonnable d'opter pour un spécimen peu onéreux. D'autant que vous ferez de sa jeunesse un atout si votre manque d'expérience vous conduit à quelques erreurs… Une plante jeune se remettra plus facilement des pires traitements ! Méfiez-vous toutefois des arbres trop bon marché, qui n'ont parfois de bonsaïs que le nom. On trouve ainsi des sujets de deux ou trois ans, au tronc artificiellement étoffé par des tailles hâtives, qui cherchent à paraître dix ans d'âge. Nombre de bonsaïs d'intérieur sont de la sorte fabriqués en Chine. Ils sont en général plantés dans de l'argile pure, mortifère à terme, et dans un pot sans valeur. Au rang des arnaques également, des arbres cultivés en plein champ, rabattus n'importe comment et transplantés dans un pot à une mauvaise période. Ils meurent en quelques mois. Pour éviter ces deux tromperies, observez les branches. Vous constaterez que leur diamètre n'a aucun rapport avec celui du tronc. Dans le deuxième cas, il vous sera facile de déceler une affreuse coupe sur le haut du tronc. D'une manière générale, pour parer aux mauvaises surprises, adressez-vous à des magasins spécialisés.

Hors de ces cas extrêmes, voici quelques règles pour vous assurer que la plante que vous convoitez est en bonne santé et se développera harmonieusement.

N'hésitez pas à soulever la motte pour vérifier que l'enracinement est bon. Les racines doivent être fermes, présenter un chevelu abondant. Le tronc doit être dépourvu de cicatrices, vecteurs de maladies et de parasites, et s'affiner régulièrement du bas jusqu'en haut. Les feuilles doivent être d'un beau vert intense et sans taches. L'inverse indiquerait des carences nutritives ou la présence de parasites. Pour un arbre au feuillage caduc, néanmoins, achetez plutôt l'hiver, vous verrez mieux sa structure et ses éventuels défauts. L'été, ou pour les espèces à feuillage persistant, cette vérification est plus difficile à faire. C'est pourtant un point auquel il faut porter attention, car les tailles et les greffes ratées dénaturent à jamais un bonsaï.

La palette de prix des bonsaïs est très large. Elle varie selon l'âge du sujet, surtout, mais aussi en fonction de sa beauté. Pour une première acquisition, restez raisonnable.

L'entretien au quotidien

Arroser

Une mise en garde pour commencer : plus d'arbres périssent par excès que par manque d'eau. Mieux vaut donc arroser pas assez que trop ! Cela étant dit, l'arrosage est une science difficile. Sa fréquence dépendra de l'espèce, de la situation du bonsaï (à l'intérieur ou à l'extérieur), du climat, de la température,

Un bonsaï réclame des soins sinon de tous les instants, du moins de tous les jours. L'apport en eau, par arrosage et brumisation, sera la première de vos préoccupations.

du vent (qui assèche), de l'exposition (au soleil ou à l'ombre)...
Quand arroser, donc ? D'une manière générale, pour les plantes d'extérieur, un arrosage hebdomadaire suffit l'hiver. Il deviendra quotidien, et même bi – voire tri-quotidien au printemps et en été. Si vos bonsaïs sont exposés à la pluie, inclinez leur pot pour évacuer le trop-plein de liquide. C'est d'ailleurs une règle générale : ne laissez pas stagner d'eau dans le pot. Pour les plantes d'intérieur, deux arrosages par semaine conviennent la plupart du temps. Soyez vigilant l'été, mais aussi l'hiver en raison du chauffage. Dedans comme dehors, la couleur de la terre est un bon indice du besoin d'eau : arrosez quand elle vire au gris. Mais laissez sécher la motte entre deux arrosages !
Quand ne pas arroser ? Ne procédez jamais en plein soleil, vous risqueriez de brûler la plante, car l'eau fait loupe. À l'extérieur, n'arrosez jamais quand il gèle, cela va sans dire.
Sachez aussi qu'une plante malade a des besoins en eau réduits, de même qu'une plante qui vient d'être taillée (l'évaporation est limitée par la diminution du système aérien) ou rempotée (il y a moins de racines).
Arrosez en pluie fine. Pour ce faire, prenez un arrosoir à pomme. Les

apports en eau doivent être réguliers et abondants chaque fois. N'immergez pas vos plantes dans une bassine, sauf accident qui aurait vu la motte sécher complètement. Dans ce cas, et celui-là seulement, laissez-la tremper une heure après l'avoir progressivement humidifiée. Les bonsaïs sont délicats : n'importe quelle eau ne fera pas l'affaire. Le calcaire et le chlore sont nocifs. Pour autant, ne vous servez pas d'eau déminéralisée, qui n'apporterait aucun nutriment. Le mieux, c'est l'eau de pluie. Du moins à la campagne… En ville, optez plutôt pour de l'eau minérale en bouteille. Ou faites bouillir pendant dix minutes l'eau du robinet. Arrosez avec une eau à température ambiante : à l'intérieur surtout on l'utilise souvent trop froide.

L'arrosoir à long col produit une pluie fine et régulière qui ne dégrade pas le sol.

Arroser en cas d'absence

Bien sûr, vos bonsaïs réclament leur content d'eau même lorsque vous partez en week-end, et a fortiori en vacances. Seuls les Ficus pourront tenir (et encore une semaine, pas plus) grâce à un arrosage vigoureux le jour du départ. Pour les autres espèces, il faudra songer à des techniques différentes.

Dans le cas d'une absence courte (deux jours), arrosez copieusement la veille du départ. Le jour dit, emballez le pot dans un sac en plastique dont vous nouerez les poignées autour du tronc. Il maintiendra l'humidité de la motte en limitant l'évaporation. Si vous partez trois ou quatre jours, enterrez le pot et le tronc jusqu'aux premières branches dans une caisse pleine de sable bien mouillé. Jusqu'à une semaine de vacances, arrosez par capillarité avec une ou plusieurs mèches de coton plongées d'un côté dans la terre et de l'autre dans un récipient plein d'eau. Sachez que cette technique est contestée par les puristes, car elle ne permet pas une humidification homogène de la motte. De plus, on n'est jamais sûr que la quantité d'eau dans le récipient sera suffisante. En tout état de cause, testez votre système auparavant pour vous mettre à l'abri des mauvaises surprises...

Au-delà d'une semaine d'absence vous n'aurez le choix qu'entre emporter vos protégés si c'est possible ou les confier à un tiers, personne de confiance ou professionnel qui, moyennant finances, vous verra partir l'âme en paix, assuré de trouver à votre retour des plantes en pleine forme !

Humidifier

La brumisation du feuillage (dite aussi vaporisation ou bassinage) est le complément incontournable de l'arrosage. Son but est d'humidifier l'atmosphère pour assurer de la fraîcheur à votre plante. Elle permet également d'enlever la poussière qui se dépose fatalement sur les feuilles.

Comment procéder ? À l'aide d'un vaporisateur manuel ou à pression préalable, brumisez autour de l'arbre. C'est très important : ne bassinez pas le feuillage lui-même, ce qui s'assimilerait à un arrosage et ferait risquer un excès d'eau.

Au jardin, brumisez vos plantes l'été seulement, une fois par jour. Vous respecterez le même rythme pour vos bonsaïs d'intérieur, mais en toute saison. Méfiez-vous du chauffage, qui assèche l'atmosphère. Avec le manque de lumière, les problèmes d'hygrométrie sont le fléau numéro un en appartement. Si possible, installez des humidificateurs dans les pièces. Ou placez les pots au-dessus d'une réserve d'eau ou sur un lit de pouzzolane humide. Au-dessus ne signifie pas dedans ! Le fond du pot ne doit pas toucher l'eau, sinon gare au pourrissement des racines !

La brumisation ne se fait pas directement sur le feuillage, mais autour.

Fertiliser

Comme toutes les plantes, un bonsaï se nourrit d'éléments contenus dans la terre. Mais à la longue celle-ci s'épuise, et il convient de l'enrichir. C'est le rôle de l'engrais. N'utilisez que des engrais organiques à décomposition lente (poudre d'os, sang séché, farine de poisson, guano...), qui n'occasionnent pas de brûlures. Ils peuvent se présenter sous trois formes : en boulettes, en poudre ou liquide. Les premières sont les plus simples d'utilisation : placez-en une sur la terre, près du bord du pot, et renouvelez-la lorsqu'elle a disparu. Dans le deuxième cas, saupoudrez une ou deux cuillerées à café sur la terre (sous la mousse, qui sinon jaunira). Quant à l'engrais liquide, vous en diluerez une cuillerée à café pour 15 litres d'eau.
On fertilise de mars à octobre. Jamais l'hiver. Nourrissez vos plantes d'extérieur une fois par mois. À l'intérieur, agissez tous les quinze jours. Les arbres qui forment toutes leurs pousses au printemps (les hêtres, les épicéas...) ne réclament d'engrais que deux fois par an, en septembre et en octobre.
Par ailleurs, ne donnez jamais d'engrais à un arbre malade ou qui vient de subir un rempotage, le produit agirait comme un désherbant ! Après un changement de pot, attendez un bon mois, voire une année pour les conifères. Ne fertilisez pas non plus pendant la floraison ni la fructification, les fleurs ou les fruits ne s'en remettraient pas.

Protéger durant l'hiver

Les bonsaïs d'extérieur ont besoin d'une protection pour affronter la morte-saison en toute sécurité, même si certaines espèces résistent bien au froid. Pour avoir l'esprit tranquille, intervenez dès que la température descend en dessous de + 5 °C. Dans un premier temps, ou si vous habitez une région au climat clément, déménagez les pots tout contre un mur bien exposé (au sud ou au sud-ouest). Vous pouvez aussi les mettre dans une caisse ouverte, à la même exposition.
Lorsque le temps se rafraîchit vraiment, rentrez les érables, les ormes, les fruitiers, etc., dans une serre froide, un garage pas trop mal éclairé, voire une véranda. Ils y passeront la mauvaise saison à une température comprise entre 5 °C et 10 °C (au-dessus la végétation reprendrait). Vous pourrez laisser dehors les épicéas et sapins, mélèzes, hêtres, ifs, etc., en couvrant d'un film plastique le caillebotis qui les accueille. Vous créerez alors comme une petite serre. Pour les espèces les plus rustiques, vous vous contenterez de protéger la motte, qui, compte tenu du peu de terre qu'elle contient, défend bien mal les racines contre le gel. Au besoin, enterrez le pot. Sinon, recouvrez-le d'une bonne couche de feuilles, de paille ou de tourbe.

Pour un pot de 15 centimètres, 1 cuillerée à café d'engrais suffit.

Diluez 1 cuillerée à café d'engrais liquide dans 15 litres d'eau.

On peut couvrir les boulettes d'engrais pour ralentir leur dissolution.

La mousse, si esthétique, peut abriter des parasites. Surveillez-la !

Soigner

Selon le vieil adage : mieux vaut prévenir que guérir. Un nettoyage régulier de vos plantes évitera bien des problèmes. Débarrassez le sol des feuilles tombées et des résidus de taille ou de pincement. Leur décomposition favorise le développement de champignons et de parasites. De même, la mousse héberge souvent parasites et larves. Ne la tolérez en aucun cas sur le tronc ni les branches. Traitez celle du sol en cas d'attaque de parasites.

Ayez une hygiène irréprochable. Nettoyez vos outils après être intervenu sur une plante, ainsi vous ne propagerez pas d'éventuels parasites ou maladies. Appliquez du mastic cicatrisant sur les plaies : un arbre blessé est plus vulnérable.

Examinez attentivement vos bonsaïs au moins une ou deux fois par semaine, notamment le dessous des feuilles et l'écorce.

Si vous constatez qu'une plante dépérit, ne vous précipitez pas sur un insecticide. Prenez le temps de réfléchir à ses conditions de vie : a-t-elle assez de lumière ? N'est-elle pas trop arrosée ? N'est-elle pas exposée à un soleil trop direct ?

Si vraiment il faut traiter, faites-le après un arrosage abondant, sinon le produit n'agira pas. Pour le détail des remèdes contre les principaux parasites et maladies, consultez les tableaux ci-contre. Avant d'utiliser des insecticides contre les pucerons et cochenilles, tentez un traitement plus doux : baignez le feuillage deux ou trois heures dans une solution savonneuse (1 % de savon noir ou quelques gouttes de produit vaisselle pour 10 litres d'eau).

Maladies cryptogamiques : symptômes et remèdes

MALADIES	SYMPTÔMES	TRAITEMENT
Oïdium, ou blanc	Les feuilles se recroquevillent et se couvrent d'un feutre blanchâtre avant de tomber.	Appliquez du soufre préventivement. Éliminez les parties atteintes. Traitez avec un fongicide.
Pourridié	Cette maladie s'attaque aux racines. En surface, l'arbre dépérit.	Utilisez des fongicides. Tout en sachant que l'issue est le plus souvent fatale.
Rouille	Les rameaux et feuilles (ou les aiguilles) se couvrent de taches et de pustules orange à brun. Les feuilles tombent.	Utilisez un fongicide spécifique. Éliminez les parties touchées.
Taches noires	Les feuilles se couvrent de taches noires, sèchent et tombent.	Éliminez les feuilles malades. Utilisez un fongicide à base de cuivre.

Parasites* : symptômes et remèdes

PARASITES	SYMPTÔMES	TRAITEMENT
Araignées rouges ou grises	Les feuilles deviennent grisâtres, les aiguilles se décolorent.	Brumisez souvent, les araignées détestent l'humidité. Détruisez les parties atteintes et utilisez des acaricides spécifiques.
Chenilles	En général visibles. S'attaquent aux feuilles.	Enlevez-les à la main et traitez comme contre les pucerons.
Cochenilles à bouclier (conifères, ficus)	Présence de pustules cireuses brun foncé.	Utilisez un produit à base de malathion ou de lannate.
Pucerons verts, noirs ou lanigères (feuillus surtout)	Visibles à l'œil nu, colonisent les jeunes pousses. Aspect laineux pour les lanigères.	Éliminez les œufs en grattant les vieilles écorces. Utilisez un insecticide classique.
Scolytes (conifères surtout)	Écorce perforée ; bois creusé de galeries.	Coupez et détruisez les parties atteintes. Utilisez un insecticide à base de parathion et de lindane.

S.O.S. accidents

Même après les accidents les plus dramatiques, il reste parfois un espoir. Connaissez les gestes qui sauvent !

Si toutes les feuilles de votre bonsaï sont mortes à cause du gel ou du vent, mais le plus souvent par excès ou manque d'eau, coupez-les toutes. Rabattez la tête des branches et maintenez la motte juste humide. Vous assisterez peut-être à un miracle. Dans les cas tout à fait désespérés, procédez de la même façon puis placez le mourant dans un sac en plastique. Aérez petit à petit si des bourgeons reviennent !

Plus facile et moins grave : si certaines branches sèchent, votre arbre a besoin d'eau. Si la pointe des feuilles est sèche et que des parties sèches apparaissent sur le reste, votre plante a brûlé. Soit à cause du soleil, soit à cause d'une fertilisation excessive. Mettez le pot à l'ombre, changez la terre de surface et lavez la motte à grande eau.

**Les fourmis ne sont pas à proprement parler des parasites, mais elles peuvent transporter les pucerons (dont elles font l'élevage pour se nourrir du miellat) d'un arbre à l'autre. Rincez la motte à l'eau, elles disparaîtront.*

Le calendrier des travaux

Ce résumé concerne surtout les bonsaïs d'extérieur, dans la mesure où les espèces d'intérieur ne réclament pas des soins très différents selon les saisons. Enlevez les fleurs fanées et les fruits blets au fur et à mesure, c'est-à-dire à une date variable selon les espèces.

AU PRINTEMPS

Protégez bien vos arbres contre les gelées tardives.

En mars, effectuez les tailles de structure des plantes d'intérieur ainsi que le ligaturage.

Augmentez la fréquence des arrosages.

Terminez les tailles de structure des bonsaïs d'extérieur. Posez les dernières ligatures sur les feuillus.

Rempotez. Jusqu'à début avril seulement pour les conifères et les espèces d'intérieur.

Entre avril et mai, pincez les jeunes pousses. Pour certaines espèces, continuez jusqu'à l'automne.

Poursuivez les traitements préventifs contre maladies et parasites.

À partir de fin avril, fertilisez.

À partir de mi-mai, protégez du soleil les espèces les plus sensibles. Reprenez les brumisations.

Fin mai, sortez vos bonsaïs d'orangerie.

EN ÉTÉ

Augmentez encore la fréquence des arrosages et des brumisations s'il fait chaud.

Arrêtez l'engrais en juillet-août.

Si nécessaire, taillez les feuilles des espèces caduques.

Continuez la taille des rameaux jusqu'en automne selon les espèces. Poursuivez le pinçage si nécessaire.

Ligaturez les fruitiers et les espèces décoratives.

EN AUTOMNE

Réduisez l'arrosage dès mi-septembre.

Reprenez la fertilisation jusqu'en octobre.

Rentrez les bonsaïs d'orangerie avant que la température nocturne ne descende en dessous de 8 °C.

À partir de mi-octobre, rentrez en serre froide les espèces d'extérieur les plus fragiles.

En novembre, vous pouvez commencer à ligaturer les conifères.

EN HIVER

Protégez vos bonsaïs d'extérieur dès que le gel menace. Découvrez-les à chaque redoux.

Réduisez très fortement l'arrosage des plantes d'extérieur. N'arrosez jamais quand il gèle.

Protégez vos bonsaïs d'intérieur de la chaleur et de la sécheresse occasionnée par le chauffage. Groupez-les dans une pièce fraîche (15 °C-18 °C).

Faites un premier traitement préventif contre les maladies cryptogamiques et les parasites.

Faites les tailles de structure sur les conifères. Ligaturez-les.

En février, faites les tailles de structure des feuillus.

La taille d'entretien

On est toujours surpris de constater à quel point le plus parfait des bonsaïs peut devenir hirsute, méconnaissable, en deux mois de croissance printanière ! Seule une taille d'entretien bien menée lui rendra forme humaine, si l'on peut dire, faisant réapparaître son style si patiemment élaboré. Mais il vous faudra aussi de temps à autre ajuster sa silhouette par une taille appropriée, dite « de structure », ou « de formation », et un bon ligaturage (voyez les pages 46-48). Si la taille a donc des motifs esthétiques, elle a aussi une importance physiologique. Votre arbre, répétons-le, vit dans un volume de terre limité ; son système radiculaire est peu important. Si vous laissez la partie aérienne croître à l'excès, les racines ne pourront plus jouer leur rôle nourricier.

C'est surtout grâce à la taille que vous conserverez à votre bonsaï sa belle silhouette. Simple dans ses principes, cette opération se révèle délicate pour le profane. Prenez le temps d'apprendre !

La taille d'entretien se pratique toujours pendant la période de végétation, puisqu'il s'agit de contenir ou de guider les nouvelles pousses. Au jardin, elle aura donc lieu au printemps ou en été. Le calendrier sera à peu près le même pour les espèces d'intérieur. Mais il pourra arriver que, stimulée par le chauffage, une plante réclame une intervention sur le feuillage en plein hiver !

Il convient de traiter à part le cas des feuillus et celui des conifères, car la technique revêt chez les uns et les autres des aspects bien différents. Une règle commune cependant impose de tenir compte de ce que l'on nomme la « dominance apicale » et qui signifie simplement que l'activité de la sève est plus importante au sommet de l'arbre qu'à la base. Conséquence : les pousses sont plus nombreuses en haut et il vous faudra travailler plus dur !

En deux mois
de croissance
printanière,
un bonsaï
peut devenir
méconnaissable.

Tailler les feuillus

L'entretien commence au début du printemps avec l'élimination des bourgeons des jeunes pousses, que vous pincerez entre deux ongles.

À la longue cela entraîne la miniaturisation des feuilles. Ce traitement éprouvant ne sera infligé qu'à des plantes en excellente santé, et une seule fois par an. Il est par exemple bénéfique pour une espèce comme l'érable de Bürger. Corollaire de cette première opération, le pincement des jeunes pousses qui se sont développées, mais sont encore tendres. Procédez manuellement ou avec des ciseaux. Chez les arbres à feuilles alternes (disposées en quinconce sur la branche) ne laissez que deux ou trois feuilles par pousse. Chez ceux à feuilles opposées (qui

poussent par paires) ne gardez qu'une paire. Renouvelez souvent cette taille pour les arbres qui grandissent en permanence (les Ficus par exemple). Attendez la fin de la floraison pour les espèces à fleurs. Pour les fruitiers, l'apparition des fruits.
La plupart du temps vous aurez aussi à intervenir sur le feuillage, qui présente presque toujours des feuilles trop grandes au printemps. Coupez-les aux ciseaux à feuilles en laissant une petite partie du pétiole. D'autres feuilles beaucoup plus petites viendront les remplacer. Chez des espèces sensibles, comme le hêtre, ne supprimez que la moitié du limbe. Si toutes les feuilles sont trop grandes et pour obtenir un feuillage plus dense, défoliez totalement l'arbre au mois de juin.
Cette taille drastique est indispensable au bon développement des *Ficus.* Sur ces espèces, vous serez même amené à la répéter deux ou trois fois dans l'été. Dans tous les cas, n'opérez que sur des arbres en bonne santé et pensez à réduire ensuite l'arrosage. De nouvelles feuilles, plus petites, se montreront dans un délai de deux à trois semaines.
Pour éliminer les petites branches indésirables des bonsaïs d'extérieur, attendez l'hiver. Pour les bonsaïs d'intérieur, réalisez cette taille l'été.

Tailler les conifères

La technique de pinçage des jeunes pousses de conifères est assez différente, et plus difficile à maîtriser. Elle varie en outre suivant les espèces. De préférence, ne vous servez pas d'outils, utilisez vos seuls doigts. Compte tenu du nombre et de la taille des aiguilles, vous risquez sinon de commettre bien des dégâts.
Pour les arbres qui émettent toutes leurs pousses en même temps, une seule fois par an (épicéas, pin à cinq aiguilles), vous travaillerez au printemps seulement. Lorsque les bourgeons seront tout près d'éclore, ôtez-en le tiers (s'ils sont petits) ou les deux tiers. Supprimez carrément ceux qui sont en surnombre.
Pour les espèces, les plus nombreuses, qui émettent des pousses tout au long de la période de végétation, vous interviendrez régulièrement jusqu'à la fin de l'été. Ce sont les mélèzes, les genévriers, les ifs… Pincez les deux tiers des nouvelles pousses quand elles sont encore tendres. Au besoin, exercez une torsion avec vos doigts.

Pour la taille du feuillage, on utilise le plus souvent des ciseaux droits. Ci-contre : la pince incurvée permet de couper les branches au ras du tronc. Ci-dessous, à gauche : une panoplie complète d'outillage. Les outils de taille sont dans le coin gauche.

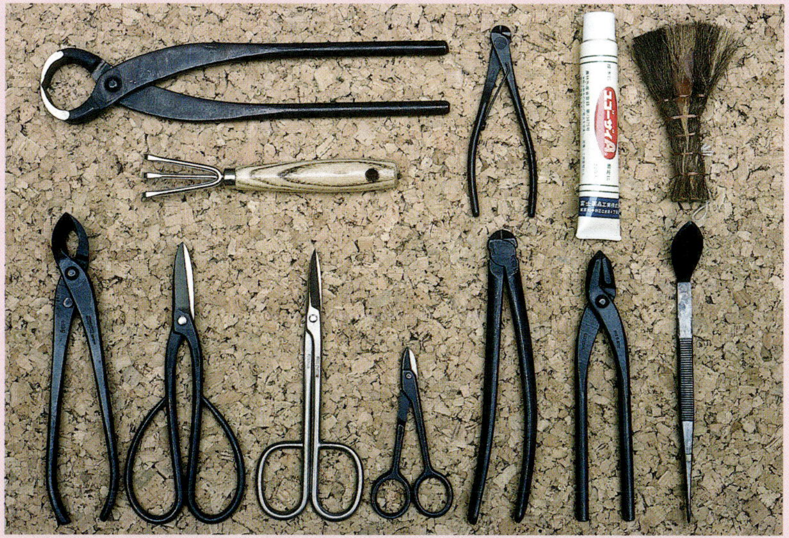

Lancez-vous !

Votre bonsaï hirsute est devant vous. Une bonne coupe de cheveux s'impose. Il va bien falloir vous lancer. Avec un peu de bon sens et un minimum de confiance en vous, tout se passera bien.

Règle numéro un : installez-vous confortablement ! Posez votre cobaye sur une table, à bonne hauteur pour pouvoir travailler sans vous crisper. Prenez le temps de l'observer et demandez-vous ce que vous voulez en faire. Une fois votre projet arrêté, ne changez pas d'avis. Éliminez tout ce qui viendrait le contrarier, par exemple tous les rejets partant des racines si vous n'avez pas l'intention de tenter le style kabudachi (plusieurs troncs sur une racine cachée) !

Gardez à l'esprit quelques règles fondamentales. À l'avant, le feuillage doit laisser voir le tronc et l'attache des branches. Il peut être plus touffu sur la face arrière. Par ailleurs, les différentes parties du bonsaï se doivent d'être équilibrées. Entravez la croissance de celles qui sont trop fortes et à l'inverse laissez dans un premier temps pousser les plus faibles. Une petite astuce botanique à connaître : l'orientation des bourgeons montre celle des branches qu'il vont devenir. En taillant, vous allez provoquer la pousse des yeux ou paires d'yeux situés sous la coupe, selon qu'il s'agit d'une espèce à feuilles opposées ou alternes. La ou les pousses les plus proches de la coupe seront les plus vigoureuses. Sachez favoriser le développement des bourgeons dont la direction vous intéresse… Un bon dessin valant mieux qu'un long discours, reportez-vous au schéma ci-contre.

Vous éviterez un piège grossier en sachant reconnaître les feuilles composées, qui, comme leur nom l'indique, présentent plusieurs folioles. On croit parfois tailler des feuilles alors qu'en réalité on n'a fait qu'enlever des folioles… Cela ne déclenche aucune pousse pour la bonne raison que les yeux se trouvent à l'aisselle des feuilles et non à la base des folioles. Vous n'obtiendrez de la sorte qu'une miniaturisation du feuillage. Comme vous le voyez, ce n'est pas bien grave. Les erreurs que vous pourrez commettre dans la taille d'entretien ne sont pas irréversibles. Au pire, il vous faudra patienter toute une année avant de pouvoir les réparer.

Feuilles opposées. Vous favorisez deux pousses qui partent à la verticale.

Feuilles alternes. Vous favorisez une pousse qui part à la verticale.

Feuilles alternes. Vous favorisez une pousse qui part à l'horizontale.

Feuilles composées. Une taille à deux yeux.

Le rempotage

Si la taille terrorise bien des néophytes, il n'en va pas de même du rempotage, opération qui sous ses airs de simplicité est pourtant bien plus risquée pour l'arbre. Connaissez-en les règles.

Comme toutes les plantes en pot, un bonsaï vit dans une quantité de terre limitée qui ne peut lui offrir éternellement son content de nourriture, car elle s'appauvrit peu à peu. Arrivé à un certain stade, l'engrais ne parvient plus à l'enrichir. En effet, les racines occupent toujours plus de place, au détriment de la terre, qui ne retient plus alors ni l'eau ni les nutriments. Il est temps de rempoter pour changer la terre et loger la plante moins à l'étroit.

Vous choisirez un pot juste un peu plus grand que l'ancien, toujours bien proportionné au volume de la partie aérienne, ce qui garantira de bons échanges entre les racines et les feuilles. Pour plus de détails sur les règles qui gouvernent le choix du pot, reportez-vous à la page 48.

Quand rempoter ?

Il est des signes qui ne trompent pas. Si votre arbre a soif en permanence, c'est qu'il a atteint le stade décrit plus haut. Toute l'eau que vous lui apportez ne fait que délaver la terre un peu plus. Vous constaterez aussi qu'un réseau dense de racines a envahi la surface du sol. Ne laissez pas la situation se dégrader à ce point ! Pour cela, gardez en tête le calendrier qui suit, même s'il doit être légèrement modifié en fonction de chaque espèce.

La fréquence du rempotage dépend aussi bien de l'âge du sujet que de l'espèce. Plus un arbre est vieux, plus rarement on le rempote, car sa croissance (donc celle de ses racines) se

Cet érable a un besoin urgent d'être rempoté : ses racines ont envahi la totalité du pot. Attendez quand même la bonne saison, mars-avril en l'occurrence.

Ci-dessous et ci-contre : préparation du matériel et de la terre

ralentit. En moyenne, rempotez les espèces à feuillage caduc tous les ans ou tous les deux ans si le sujet est jeune ; tous les trois ou quatre ans sinon. Seules les espèces cultivées pour leur floraison décorative ou leurs fruits verront leur pot changé tous les ans. Pour les conifères, ce sera tous les trois ou quatre ans pour les jeunes arbres, tous les cinq à huit ans sinon. Pour les bonsaïs d'intérieur : tous les deux ans dans tous les cas.

Ne rempotez pas à n'importe quel moment de l'année : agissez juste avant le début de la végétation, période à laquelle la plante supportera le mieux ce traitement. Ce sera en mars-avril pour les feuillus ; mi-mai pour les conifères ; de mai à juin pour les bonsaïs d'intérieur. Toutes les autres saisons sont à éviter. En automne et en hiver l'arbre serait très affaibli, car les racines ne pourraient pas repousser ; en été, il serait sabré en pleine croissance. Ne rempotez à cette saison qu'en cas d'extrême urgence : si le pot, à la suite d'une chute, est brisé en mille morceaux ; si votre bonsaï s'est asphyxié par excès d'eau et que ses racines ont pourri ; si les racines subissent de dangereuses attaques de parasites ou de champignons.

Même dans le cas d'un rempotage de routine, n'oubliez jamais qu'il s'agit d'une opération très stressante pour l'arbre : la composition du sol dans lequel il vit est brutalement modifiée et le volume de ses racines est parfois réduit des deux tiers par la taille (voir page suivante). Bichonnez le sujet que vous venez d'opérer : mettez-le à l'abri des intempéries (pluie, vent et soleil) pendant quinze jours à trois semaines. Vaporisez-le le plus souvent possible et abstenez-vous de lui donner de l'engrais pendant un mois (voire un an pour les conifères).

Quelle terre utiliser ?

Il n'existe pas de « terre à bonsaïs » que vous pourriez acheter toute prête. Une marchandise prétendue telle relèverait de la tromperie. Tous les bonsaïs, à l'image des « grands » arbres, n'ont pas les mêmes besoins en matière de sol. Par exemple, certaines espèces se plaisent dans des terres plutôt acides, comme les eugénies ; d'autres ne détestent pas les sols calcaires, comme les pins.

La terre où poussent les bonsaïs contient toujours, mais dans des proportions variables, les trois mêmes éléments : de la terre végétale (dite aussi « de jardin », ou « franche »), du terreau horticole et du sable. La terre de jardin apporte entre autres l'argile nécessaire, mais certains préfèrent y ajouter de l'akadama, argile japonaise au pH neutre et qui a en outre des propriétés drainantes. Quant au sable, il est de préférence de rivière, en tout cas non calcaire. Les puristes le coupent parfois de pouzzolane, qui améliore la rétention d'eau sans nuire au drainage.

Suivant les types d'arbres, les proportions sont les suivantes :

• Pour les feuillus : une moitié de terre végétale, une moitié de sable.

• Pour les arbres à fleurs et à fruits : une moitié de terre végétale, une moitié de terreau.

• Pour les conifères : un tiers de terre végétale, un tiers de terreau, un tiers de sable.

Deux cas particuliers :

• Pour les plantes d'intérieur : un quart de terre végétale, un quart de terreau, un quart de sable, un quart de terre de bruyère.

• Pour les arbres à terre de bruyère (par exemple les rhododendrons) : un quart de terreau, une moitié de terre de bruyère, un quart de tourbe.

Il s'agit là de grands principes, qu'il vous faudra adapter le cas échéant selon les espèces. Vous pouvez conserver une petite partie de l'ancienne terre pour enrichir la nouvelle des micro-organismes qui l'habitent. Sauf, bien sûr, si elle est infestée de parasites ou si les racines ont pourri.

Vous l'avez sans doute déjà compris, un bon drainage est essentiel. Il est assuré en grande partie par la répartition des particules de terre dans le pot : les plus grosses se trouveront au fond, les plus fines en haut. À l'aide de tamis de plus en plus fins, déposez trois couches de terre : au fond les particules de 3 à 5 millimètres ; au milieu celles de 2 ou 3 millimètres ; en haut celles de 1 millimètre. Éliminez celles qui, trop grosses ou trop petites, ne sont pas comprises dans cette fourchette de tailles. Pour ne pas gâcher ce patient travail, pensez bien, auparavant, à obturer avec une grille les trous de drainage pratiqués au fond du pot...

Tailler les racines

Il faut le dire et le redire, la taille des racines n'a absolument aucune incidence sur la miniaturisation de l'arbre ! Pourquoi les couper, alors ? Tout simplement parce qu'elles poussent, et que pourtant votre plante doit vivre dans un (tout) petit pot. Heureusement, certaines racines sont superflues pour les bonsaïs, les plus grosses, celles qui descendent en profondeur pour ancrer l'arbre dans le sol et lui permettre de résister au vent. Si dans son pot le bonsaï n'a pas ce souci (dehors, n'oubliez pas d'arrimer le pot !), il exige en revanche une excellente irrigation et donc des radicelles en nombre à proximité du tronc. La taille aura pour effet de développer ce réseau. Après avoir dépoté votre plante et enlevé toute la terre que vous pourrez autour des racines, vous vous armerez d'une paire de ciseaux forts ou d'un sécateur à lames minces. D'une manière générale, chez une plante en bonne santé et qui a été rempotée régulièrement, vous enlèverez entre la moitié et les deux tiers des racines en suivant une ligne imaginaire en arc de cercle. Certaines espèces vivent moins bien que d'autres ce traitement de choc. L'arbre à thé *(Carmona sp.),* par exemple, le supporte assez mal. Ne lui faites pas la boule à zéro !

Dans l'hypothèse d'un arbre malade, soyez plus doux encore. Contentez-vous d'épointer les racines qui restent. Enlevez carrément celles qui sont mortes. Si vous avez trop longtemps négligé de rempoter un arbre, ses racines auront envahi tout le pot et vous devrez les rabattre très sévèrement.

Le rempotage pas à pas

1. *Saisissez votre bonsaï à la base du tronc et tirez doucement pour faire sortir la motte. Prenez soin auparavant de couper le fil qui fixe l'arbre à la coupe.*

2. *Tapotez la motte à l'aide d'une baguette chinoise, par exemple, pour faire tomber le plus de terre possible. Si les racines sont vraiment trop nombreuses, utilisez une griffe pour les démêler – en en blessant le moins possible…*

4. *Installez des grilles sur les trous de drainage du nouveau pot. Passez dans deux trous un fil de cuivre qui fixera l'arbre au pot. Tamisez les deux premières couches de terre en formant un cône. Ne tassez pas.*

5. *Après avoir fixé l'arbre en nouant le fil de cuivre (attention à ne pas couper les petites racines), tamisez le mélange terreux avec le tamis le plus fin.*

3. *Taillez les racines. Coupez d'abord celles qui sont mortes ou pourries, puis taillez en arc de cercle pour ôter entre la moitié et les deux tiers du chevelu, selon les besoins.*

6. *Saupoudrez de substrat.*

7. *Faites bien pénétrer tout le substrat entre les racines à l'aide d'une baguette. Cette opération ne peut se faire correctement qu'avec de la terre sèche.*

8. *Arrosez copieusement votre plante, de préférence en ajoutant à l'eau des hormones de transplantation, qui l'aideront à produire de nouvelles racines.*

Créer des bonsaïs

Pour les amateurs avertis, rien n'est plus plaisant que de créer un bonsaï de a à z.

Commencer la culture

Rappelons que les bonsaïs, bien que miniaturisés, sont des arbres comme les autres. Ils ont les mêmes modes de reproduction. Les techniques qui s'appliquent aux « grands » sont aussi valables pour eux.

Semer

Ce n'est sans doute pas la plus facile ni la plus rapide des méthodes de reproduction, mais c'est la moins coûteuse. Si la patience n'est pas votre vertu cardinale, préférez une autre solution, car il s'écoulera en moyenne cinq ans entre le moment du semis et celui où vous posséderez un bonsaï formé.

Après avoir acquis un peu d'expérience, vous aurez peut-être envie de vous lancer dans la création de bonsaïs. Comme toutes les belles histoires, elle commence par une petite graine.

Qu'on se le dise, il n'existe pas de « graines de bonsaï » ! Encore une arnaque assez classique. La graine qui donnera vie à votre bonsaï est la même que celle qui, par exemple, produira un beau pommier dans votre verger. Vous pouvez soit acheter vos graines, soit les récolter à l'automne sur les arbres, bonsaïs ou non… La plupart ne germeront pas si vous les plantez tout de suite après les avoir ramassées. Elles ont besoin d'être au préalable stratifiées, c'est-à-dire disposées en couches successives dans du sable humide, à l'abri du gel et de la chaleur, pendant six mois à un an.
Vous pouvez semer soit au printemps, soit de fin septembre à mi-novembre. Dans presque tous les cas, un mélange composé de un tiers de terreau, un tiers d'argile et un tiers de sable conviendra. Le plus pratique est sans doute de faire les semis dans des godets. Ceux en tourbe, qui se délitent d'eux-mêmes avec le temps, épargneront à la jeune pousse une première transplantation toujours éprouvante. Garnissez le fond du godet d'une

couche de drainage (graviers fins) et tamisez le mélange terreux. Remplissez les trois-quarts du godet. Tassez. Déposez les graines sans les serrer. Disposez une nouvelle couche de terre, d'une épaisseur égale à celle des graines. Tassez à nouveau très légèrement. Arrosez abondamment, en pluie très fine ; protégez les graines les plus petites avec une rondelle de papier pour éviter que la terre ne ravine. Mettez les godets dans une cagette que vous recouvrirez d'une vitre et placerez dans un endroit lumineux mais ombragé, à une température de 15 °C-20 °C. N'oubliez pas d'arroser régulièrement. Dès l'apparition des germes, soulevez la vitre ; ôtez-la quand poussent les premières feuilles. Quand la tige a grandi, installez le plant dans un petit pot de culture. Vous commencerez à le former au bout de deux ans.

Jeunes plants et boutures : en haut à gauche, Serissa ; *en bas à gauche,* Pinus pentaphylla ; *à droite,* Stewartia.

Bouturer

Méthode plus rapide que le semis, le bouturage a aussi l'avantage, comme le marcottage et la greffe, de reproduire fidèlement les caractéristiques de la plante mère. De plus, le rameau étant « préformé », vous gagnerez du temps dans la formation de votre bonsaï. Enfin, avec cette technique, la plante développe un réseau de racines très homogène. Vous obtiendrez de bons résultats en bouturant les genévriers, les épicéas, les ifs, les érables…

Prélevez les rameaux au début du printemps (juste avant l'éclosion des bourgeons) ; en automne pour les conifères.

À l'aide d'un outil bien tranchant, coupez le rameau en biseau (la coupe la plus courante) juste au-dessus d'une insertion foliaire. La bouture doit mesurer une dizaine de centimètres et comporter six à huit feuilles dans le cas des feuillus.

Enlevez les feuilles ou les aiguilles sur la partie à enterrer, soit sur 3 centimètres environ. Gardez les yeux, ils donneront des racines. Pour mettre toutes les chances de votre côté, badigeonnez la tige de poudre d'hormones de multiplication. Afin de limiter l'évaporation, taillez le tiers des feuilles restantes.

Préparez le mélange terreux avec un tiers de terre de jardin, un tiers de sable et un tiers de tourbe. Procédez ensuite comme pour les semis, puis enfoncez la tige en vous servant d'un crayon comme plantoir afin que la poudre d'hormones ne reste pas en surface. Installez votre plantation à l'abri du soleil direct. Arrosez souvent. Vaporisez tout autant. En général, les racines poussent dans un délai de un à six mois, mais cela peut prendre jusqu'à un an pour les conifères. Le signe en est l'apparition de pousses sur le rameau. L'année suivante, transplantez votre plantule dans un pot et, si vous le pouvez, abritez-la dans une serre. À défaut vous pouvez entourer le pot d'un sac en plastique, mais attention à l'aération, n'allez pas tout gâcher !

Marcottage aérien.

Marcotter

Cette technique est assez proche du bouturage. Elle est cependant plus douce, car, dans un premier temps, le rameau n'est pas séparé de la plante mère. Elle se prête à merveille à la reproduction des plantes d'intérieur. Elle permet de travailler sur des branches plus âgées que par bouturage, d'un diamètre allant jusqu'à 5 ou 6 centimètres. Voici les deux méthodes les plus utilisées. Dans les deux cas, marcottez au printemps, lorsque les arbres sont déjà pleins de sève.

Pour le marcottage simple par couchage, trouvez une branche qui vous convienne, proche du sol. Enlevez feuilles ou aiguilles sur la partie à enterrer, pratiquez une incision de 5 centimètres environ sur sa face inférieure et enduisez-la d'hormones de bouturage. Enterrez toute la partie dénudée, qui sera maintenue en place par un crochet métallique.

Ayez soin de tuteurer la partie aérienne pour qu'elle ne se déforme pas. Les racines se développeront en trois à six mois chez les feuillus ; un à deux ans chez les conifères.

Avec le marcottage aérien, votre choix de branches sera presque illimité. Une fois localisée la base de votre futur bonsaï, avec un greffoir bien affûté enlevez l'écorce sur une hauteur égale au diamètre de la branche. Déposez au pinceau de la poudre d'hormones et mettez au centre un fil d'aluminium très serré. Recouvrez le tout d'un mélange composé de trois quarts de mousse humide et d'un quart de tourbe, entouré d'une feuille de plastique que vous allez fixer hermétiquement à chaque extrémité (voyez le schéma). Les racines se développent dans ce substrat en un ou deux mois pour les feuillus, trois à six pour les conifères. Mais cette technique ne marche pas très bien pour eux. Ne sevrez pas trop tôt : attendez que les racines crèvent le plastique et procédez toujours en hiver.

Greffe latérale

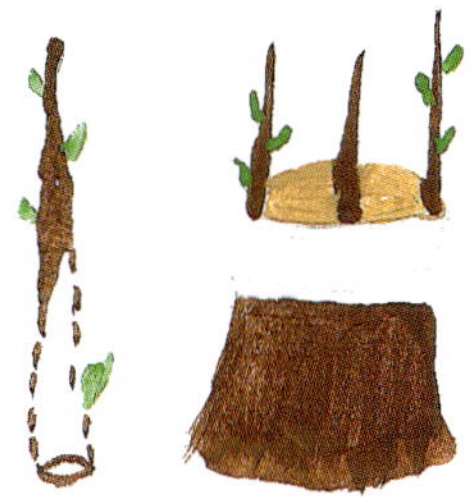

Greffe en couronne

Greffer

Dernière technique de reproduction, la greffe consiste à implanter une partie d'un arbre (greffon) sur un autre (porte-greffe). Elle est surtout utilisée pour la multiplication des arbres fruitiers. Dans le cas particulier des bonsaïs, elle permet aussi des opérations de « chirurgie esthétique », comme vous le verrez plus loin. Un avertissement s'impose : la greffe est un art très difficile. Ne commencez pas par le bonsaï le plus cher de votre collection… Pratiquée sans doigté, cette technique produira sur le tronc des boursoufflures irréversibles. Pour éviter cette catastrophe, placez le greffon le plus près possible du sol ou de façon à ce que le point de greffe soit masqué par la première branche de l'arbre. Voici les quatre techniques les plus courantes pour les bonsaïs. Elles se pratiquent au printemps. Dans tous les cas, une fois le greffon en place, ligaturez avec du raphia (serrez fort) et couvrez de mastic à greffer.

La greffe latérale concerne les espèces à feuillage persistant. Entaillez le bas du tronc du porte-greffe sur 5 centimètres. Insérez-y le greffon, taillé en biseau. Quand le greffon repart (au printemps suivant), coupez le porte-greffe, toujours en biseau, au-dessus du point de greffe.

La greffe en couronne sert pour les feuillus. Coupez le tronc du porte-greffe à 3 ou 4 centimètres du sol. Incisez l'écorce sur 2 ou 3 centimètres de haut et introduisez autant de greffons (taillés en sifflet) qu'il y a d'incisions.

La greffe en écusson, qui s'applique surtout aux fruitiers et aux arbres à fleurs, est très délicate. Le greffon est un œil auquel reste attaché une petite partie de pétiole. Sur le porte-greffe, faites une entaille en T. Prélevez le greffon et insérez-le sous l'écorce. Si le pétiole jaunit et tombe, la greffe a pris. Pour multiplier vos chances, multipliez le nombre de greffons !

La greffe par approche a un but esthétique – implanter une branche

Greffe en écusson

Greffe par approche

là où elle fait défaut – et une caractéristique originale : dans un premier temps les deux arbres, de même espèce, gardent leurs racines. Dans le porte-greffe, faites une incision de l'épaisseur du tronc du jeune plant qui va vous servir de greffon. Donnez-lui l'orientation de la branche que vous voulez voir pousser. Fixez le greffon dedans.

À la fin de l'hiver, séparez les deux arbres. Vous pouvez aussi utiliser comme greffon l'une des branches basses du porte-greffe. Et réaliser avec bonheur la même opération sur des racines.

Une greffe par approche.

Trouver un jeune plant

Si vous n'avez pas beaucoup de temps à consacrer aux premières années d'un bonsaï, il vous reste deux solutions : acheter un jeune plant de deux ou trois ans en pépinière ou prélever un arbre dans la nature.

Vous achèterez votre jeune plant chez un pépiniériste tout ce qu'il y a d'ordinaire. À ce détail près que vous opterez pour les marchandises les plus rebutantes aux yeux de l'amateur de jardins classiques : des plants malingres, tordus, déséquilibrés… Pensez déjà au style que vous aller leur donner. Achetez plutôt au printemps, vous pourrez de la sorte faire tous les travaux qui s'imposent dans le même temps : le rempotage dans une coupe à bonsaï et la taille des racines, la taille de formation et les premières ligatures.

Dernière possibilité : trouver votre bonsaï dans la nature, jeune plant ou vieux briscard. Ne rêvez pas trop cependant.

En France, la collecte est strictement encadrée : elle est interdite dans tous les parcs naturels, bien sûr, mais aussi toutes les forêts domaniales. Dans les domaines privés, vous devrez avoir l'autorisation du propriétaire… et garder à l'esprit la liste des espèces protégées ! En outre, il vous faudra une bonne dose de chance pour trouver le sujet idéal.

Si cela vous arrivait, déterrez-le au printemps, avec toutes ses racines et le plus de terre possible. Transplantez-le dans un très gros pot et laissez-le se remettre de ses émotions pendant au moins un an avant d'y toucher.

Les chances de reprise des boutures augmentent beaucoup si l'on utilise des hormones de multiplication.

Former un bonsaï

D'une manière ou d'une autre, vous avez obtenu un jeune plant qui a atteint l'âge de deux ou trois ans. Reste maintenant à le former pour en faire un bonsaï au style bien défini.

La taille de formation

C'est elle qui va donner sa structure au bonsaï. Elle consiste tout simplement à éliminer les branches et branchettes qui ne se prêtent pas au style que vous voulez créer. On la pratique l'hiver. Une fois que vous aurez intégré quelques règles de base, valables pour tous les styles et espèces, vous verrez qu'elle est beaucoup affaire de bon sens. Règle numéro un : réfléchissez toujours à deux fois avant d'agir, car une branche coupée au ras du tronc ne repousse jamais ! Deuxième règle : les branches et branchettes doivent montrer une structure alternée. On en supprime donc une sur deux si elles poussent face à face. Coupez toutes les branchettes situées sous la branche ou qui poussent vers le sol. On fixe (à jamais !) la hauteur d'un sujet en lui tranchant la tête, très tôt, lorsqu'il a deux ou trois ans. C'est aussi le moment où l'on élague les branches basses.

L'outillage est une donnée extrêmement importante. Il doit être bien affûté et propre. Servez-vous de pinces coupantes à lames concaves pour ôter les grosses branches, de ciseaux fins pour l'ablation des branchettes. Appliquez toujours du mastic cicatrisant sur les plaies.

Le ligaturage

Cette technique vise à modifier l'inclinaison des branches et du tronc. Elle concerne en particulier les conifères, mais pas seulement, et demande un certain doigté et de la rigueur. On utilise d'ordinaire du fil

1 2 3

de cuivre. Tout d'abord, ancrez le fil dans le sol en l'enfonçant de quelques centimètres. Commencez par le tronc, puis ligaturez les branches, en allant des plus fortes aux plus fines. Suivez le sens de la sève : travaillez de bas en haut. Enroulez le fil en spires régulières formant un angle à 45° avec le bois. Courbez ensuite doucement la branche dans la direction souhaitée.

Pour une déformation plus forte, doublez la ligature. Si l'arbre est jeune ou fragile, protégez le bois avec des bandes de raphia humides. Ne serrez pas trop les ligatures, elles empêcheraient le cheminement de la sève. Veillez aussi à n'emprisonner sous le fil ni feuilles ni aiguilles, et n'écrasez pas les yeux. L'hiver est la meilleure période pour ligaturer. Un fil qui resterait trop longtemps en place marquerait l'écorce, parfois de façon irréversible. En moyenne, un feuillu restera ligaturé trois à cinq mois ; un conifère, deux mois à deux ans. Retirez les fils en coupant chaque spire avec une pince spéciale. Si vous aviez oublié une ligature au point qu'elle ait été presque « engloutie » par l'écorce, ne tentez rien : le remède serait pire que le mal. Contentez-vous de couper le fil en petits tronçons aussi nombreux que possible. Ce traitement n'est pas anodin, ne ligaturez donc pas un bonsaï qui vient d'être rempoté – et inversement –, ni un arbre malade.

Une solution moins efficace mais plus simple : le haubanage. Arrimez les branches les unes aux autres ou au pot. Pour modifier le tronc, servez-vous d'un serre-joint spécial (voyez les schémas). Pensez à protéger le bois.

1. Pour de fortes déformations un fil de ligature, même doublé, ne suffit pas. Utilisez un serre-joint tord-tronc.

2. Posez les ligatures en formant un angle à 45° avec le bois.

3. Avantage du haubanage : la tension du fil peut être modifiée souvent.

Les techniques de vieillissement

Trois méthodes traditionnelles donneront un air tout à fait vénérable à vos conifères en les faisant passer pour partiellement morts. Ce sont l'écorçage total d'une branche (jin) ou partiel du tronc (shari) ainsi que l'évidement du tronc (shabamiki). On enlève l'écorce à l'aide d'une gouge à jin, avant de poncer le bois et de le décaper avec de l'acide citrique pour le faire blanchir. Pour le shabamiki, on sculpte en quelque sorte le tronc à la gouge ou aux ciseaux à bois en l'évidant. Inutile de préciser que seuls les amateurs avertis devront se lancer…

Le choix du pot

Loin d'être un simple récipient, la coupe est partie intégrante de l'esthétique du bonsaï. Elle sera en faïence ou en grès, émaillée ou non, ovale, ronde, octogonale, rectangulaire, etc., unie ou présentant des motifs. Tout est affaire de goût, à condition d'opter pour un pot qui sera en harmonie avec l'arbre. Respectez les proportions qui suivent. La longueur du pot doit être égale à un peu plus des deux tiers de la hauteur de l'arbre. Sa largeur légèrement inférieure à l'envergure de l'arbre. Si le bonsaï est plus large que haut, la longueur de la coupe sera égale aux deux tiers environ de son envergure. La profondeur sera toujours équivalente au diamètre du tronc, sauf pour les styles en cascade et semi-cascade, qui demandent un pot profond. Le prix des coupes est très variable selon qu'elles sont fabriquées en France, en Corée ou au Japon, par un potier réputé ou non… Mais s'il vous plaît, ne faites pas l'affront à un bonsaï superbe de l'installer dans une coupe affreuse !

Matières, couleurs, formes, tailles… Dans le choix du pot, tout est affaire de style, mais aussi de goût.

En bas : une coupe minuscule pour des espèces naines.

Les formes pas à pas

Voici, détaillés, quelques-uns parmi les styles les plus courants et une approche du travail de formation qu'ils demandent. Ne vous découragez pas, la maîtrise de cet art exige des années.

Le style chokkan

Cette « forme rigoureusement verticale » mettra en valeur l'écrasante majorité des conifères, mais tout spécialement le pin à cinq aiguilles, l'if et les épicéas. Elle convient bien aussi aux hêtres.

Comme son nom l'indique, dans ce style le tronc doit être absolument vertical. Les branches, qui sont nombreuses, y poussent de manière horizontale et alternée. La première doit se trouver au tiers de la hauteur du tronc environ.

Il vous faudra travailler à partir d'un jeune plant très touffu, aux rameaux bien répartis tout autour du tronc. Vous l'élaguerez sans excès dans un premier temps. Quitte à réduire ensuite le nombre de branches. Ligaturez les branches de façon à les mener à l'horizontale. Si le tronc est légèrement courbe, ramenez-le bien à la verticale. Opérez au printemps, juste avant la montée de sève.

Vous aurez du mal à trouver des plants de pins ou d'épicéas très fournis. Si vous faites vos semis, vous pourrez guider la nature dans ce sens en décapitant aux deux tiers la pousse principale lorsque la plantule a un an. En jouant de la guillotine deux ou trois années de suite, vous verrez de nombreuses pousses apparaître.

Le style chokkan demande un pot rond, ovale ou rectangulaire.

Le style moyogi

Comme dans le style chokkan, la cime est perpendiculaire au pot, mais le tronc n'est pas rigoureusement droit, d'où cette appellation de « presque verticale ». Il présente de légères courbes. Les branches prennent naissance à l'extérieur des courbes, comme celles de tous les bonsaïs, et poussent grosso modo vers le bas. Elles sont réparties comme dans la forme chokkan. Le style moyogi est l'un de ceux qui autorisent le plus de créativité, c'est pourquoi il est très en vogue à l'heure actuelle. Il s'adapte à presque toutes les espèces.

Coupez ou pincez la tête du jeune plant. Rempotez en donnant une inclinaison au tronc et déterminez la branche qui formera une nouvelle tête. Dirigez-la en la ligaturant. Vous renouvellerez ce traitement l'année suivante avec cette nouvelle tête, et ainsi de suite. La plante doit être très ramifiée. Le résultat sera visible au bout de quatre ou cinq ans. Mettez votre œuvre dans une coupe rectangulaire, ovale ou arrondie.

À gauche : dans le style « rigoureusement vertical », les branches, nombreuses, poussent de manière horizontale et alternée.

À droite : un genévrier de Chine (Juniperus chinensis) *de style moyogi.*

Le style shakan

Ce style est dit « oblique », ou « penché », ou encore « légèrement penché », car le tronc forme avec le pot un angle à 45°, à l'imitation des arbres qui croissent dans les murs ou les falaises et cherchent la lumière. Son autre particularité est que les premières branches poussent à la perpendiculaire du tronc. Elles se trouvent au tiers de la hauteur environ. Le réseau de racines apparentes est la plupart du temps assez important.

Rappelons d'ailleurs à ce sujet que dans l'art du bonsaï, les racines doivent souligner le lien harmonieux qui unit l'arbre à la terre. La forme shakan convient à toutes les espèces.

Travaillez le jeune plant de la même façon que dans le style chokkan, en veillant à assurer une répartition uniforme des branches tout autour du tronc.

Lorsque vous le placerez dans le pot, donnez au tronc l'inclinaison voulue. La tradition japonaise dit que le bonsaï formé dans le style shakan doit évoquer « les ailes déployées d'un oiseau prêt à se poser ».

Installez votre arbre dans une coupe rectangulaire ou ovale.

Le style han-kengai

Dans cette forme dite « en semi-cascade », inspirée du port des arbres rabougris des falaises de montagne, le tronc est toujours horizontal ou légèrement tombant. L'extrémité de la première branche, en bas, constitue une sorte de seconde cime de l'arbre. Elle ne doit en aucun cas descendre en dessous du bord inférieur de la céramique. Il arrive que seul le sommet de l'arbre soit habillé de feuillage. Le travail sur le tronc sera alors très important. On pourra par exemple le vieillir en utilisant la technique du shari (écorçage partiel ; voir page 48).

Le fort ligaturage indispensable pour créer un bonsaï de ce style est une épreuve dont toutes les espèces ne se relèveront pas, à l'image des pommiers ou des hêtres. En revanche, les conifères, qui vivent souvent dans des conditions extrêmes à l'état naturel, s'y plient bien, à l'exception des séquoias.

Choisissez un jeune arbre encore très souple. Le cas échéant, élaguez presque toutes les branches, sauf celles du haut. Ligaturez-le fermement. Un bonsaï de ce style mesure d'ordinaire une quarantaine de centimètres, mais, bien sûr, sa taille peut varier selon les espèces.

Prenez donc un jeune plant plutôt petit. Un bon réseau de racines apparentes viendra encore améliorer l'esthétique de votre création.

La forme han-kengai, pour des raisons évidentes de stabilité, réclame un pot profond. Il sera en général rond ou arrondi, carré ou encore hexagonal.

En haut :
la forme shakan,
ou « légèrement
penchée »,
convient à toutes
les espèces.

En bas :
la forme
han-kengai
est inspirée
du port rabougri
des arbres
qui poussent
dans les falaises
de montagne.

Le style kengai

La forme « en cascade » est très proche du style han-kengai, à ceci près que la moitié au moins du tronc doit pousser à la verticale vers le bas et que la partie la plus basse de l'arbre doit se trouver en dessous du bord inférieur du pot. Les bonsaïs de ce style sont conçus pour être vus de profil.

Ce style ne convient guère qu'aux conifères, les seuls à se développer parfois ainsi dans la nature, avec quelques rhododendrons.

Choisissez un sujet jeune, au tronc fin, qui sinon cassera sous l'effet des ligatures. Prenez-le assez grand, car le travail de formation réduira fortement sa taille au fil des ans. On estime qu'un jeune plant de 60 centimètres à 1 mètre se transformera en un bonsaï de 30 à 50 centimètres. Vous n'interviendrez d'abord que par ligaturage du tronc. Ce n'est qu'ensuite que vous sculpterez pas à pas le feuillage. La forme kengai accepte un, deux ou trois étages, c'est-à-dire que l'arbre pourra être pourvu de branches en haut seulement, à la cime et au milieu du tronc, ou encore dans le bas, au milieu et en haut. Ces trois étages seront distribués sur le tronc avec harmonie. Ne perdez pas de vue que, même si votre bonsaï pousse la tête en bas, la règle veut que le tronc aille toujours en s'affinant du collet à la cime. Travaillez votre arbre en ce sens.

Le style kengai appelle le même type de pot que le style en semi-cascade, pour les mêmes évidentes raisons de stabilité. Cette coupe sera indifféremment ronde ou arrondie, carrée ou hexagonale. La cascade, très spectaculaire, est une forme de bonsaï très courante dans le commerce. Et la qualité n'est pas toujours au rendez-vous, hélas !

Le style bunjingi

Le style bunjingi, ou « du lettré », est d'une élégance et d'une sobriété rares. L'arbre est incliné à environ 45°, comme dans le style shakan, mais le tronc est beaucoup plus long et fin. Les branches, grêles et peu nombreuses, sont concentrées vers le sommet.

Ce style s'inspirerait de la peinture chinoise ancienne et de ses représentations d'arbres frêles et isolés à la crête des montagnes. Encore une fois, ce sont les conifères qui s'y plient le mieux, avec peut-être les charmes. Travaillez un jeune plant de trois à cinq ans, bien élancé (40 à 60 centimètres de haut).

Commencez par élaguer presque toutes les branches. N'en gardez qu'en haut, et peu. Procédez ensuite au ligaturage. De par son dépouillement, le style du lettré est l'un de ceux qui supportent le moins la médiocrité. Un petit pot rond et évasé viendra bien souligner la silhouette longiligne de ces bonsaïs.

*En haut :
les bonsaïs
de style kengai
sont conçus
pour être
contemplés
de profil.*

*En bas : le style
« du lettré »
est l'un des plus
élégants
qui soient.*

Le style fukinagashi

L'autre nom de cette forme, « battue par les vents », est assez explicite. L'arbre est incliné au moins à 45°, mais parfois beaucoup plus, et les branches sont toutes regroupées du même côté du tronc, comme sous l'effet de violentes bourrasques. La face externe du tronc aura profit à être travaillée en jin (voir page 48).

Les impatients apprécieront ce style, qui donne rapidement des résultats intéressants.

Les feuillus peuvent s'y prêter, mais l'effet est en général bien plus réussi avec des conifères.

Commencez le travail de formation en élaguant les branches d'un côté. Ligaturez ensuite le tronc pour l'amener à l'inclinaison souhaitée, puis les branches, qui devront se trouver grossièrement à l'horizontale. Vous pouvez laisser quelques branches sur la face externe puis les replier, grâce à une forte ligature, pour leur faire rejoindre les autres, de l'autre côté du tronc. Cela accentue encore l'effet de mouvement. Le style fukinagashi demande un pot assez profond pour bien maintenir l'arbre, qui y sera planté dans la partie opposée à l'inclinaison afin de la contrebalancer. Vous préférerez une coupe de forme ovale ou rectangulaire.

Le style hôkidachi

Le style « en balai », lui aussi assez facile et rapide à obtenir, séduit bien des débutants.

Les branches maîtresses se développent en couronne autour du tronc et donnent l'impression qu'elles partent toutes de son sommet. Le feuillage est dense ; il forme une sphère, quelquefois légèrement ovale. La hauteur du tronc est égale au tiers de celle de l'arbre.

Une fois n'est pas coutume, ce sont les feuillus qui s'adaptent le mieux à ce style, notamment les ormes, les charmes mais aussi les *Zelkova.*

Travaillez à partir d'un jeune plant dont vous aurez pris soin de faire pousser les racines en plateau, donc plutôt issu d'un bouturage. À l'occasion du premier rempotage, disposez une pierre plate ou un carreau de carrelage juste à la naissance des racines. Elles seront ainsi forcées de se développer à plat avant de s'enfoncer. Commencez la formation en pinçant votre plant au-dessus des deux premières pousses. Taillez à deux yeux l'une des deux branches qui apparaîtront, et défoliez-la. Cela aura pour effet de multiplier le nombre de ramilles.

Quand celles-ci auront grandi, traitez la seconde branche de la même façon. Recommencez chaque année. En hiver, ficelez toutes les branches pour les réunir en une sorte de balai, justement. Ainsi elles se maintiendront bien en place.

Installez votre arbre dans une coupe rectangulaire, hexagonale ou ronde, en le décalant légèrement par rapport au centre du pot.

En haut : le style fukinagashi donne rapidement des arbres de caractère.

En bas : les bonsaïs « en balai », assez simples à réaliser, séduiront les débutants.

Les arbres à troncs multiples

Ce groupe de styles est à distinguer des forêts, en ce que tous les troncs partent d'une unique racine. Il comporte de nombreuses variantes, dont les plus courantes sont les formes kabudachi et ikadabuki.

Une composition kabudachi montre plusieurs troncs surgissant d'une seule racine. Ceux-ci sont d'ordinaire en nombre impair et travaillés dans le style moyogi. Pour des raisons d'harmonie (le maître mot de l'art du bonsaï), ils doivent se présenter sous l'apparence d'un « père » et de ses « fils », ainsi qu'on les nomme au Japon. Comprendre que l'un des troncs doit être plus fort et plus grand. Pour des raisons esthétiques encore, les « fils » n'ont pas tous la même taille, et leurs branches ne s'entremêlent pas.

Cette forme n'est adaptée qu'à un nombre d'espèces assez restreint. Elle donnera d'excellents résultats sur les houx et les érables de Bürger. Dans la grande tradition japonaise, seul un hasard heureux peut donner le jour à un sujet de ce style. En pratique, on peut aider la chance… Certains spécialistes proposent une technique toute simple. Au printemps, dénudez les racines d'une dizaine de jeunes plants, que vous lierez en botte très serrée avec du fil d'aluminium. Plantez-les dans un pot de culture. L'année suivante, malgré quelques décès, les arbustes seront soudés. Travaillez chaque tronc comme un bonsaï de style moyogi ordinaire. Adoptez le même type de coupe que pour cette forme.

La forme ikadabuki est en fait la réplique du style netsunagari, disposition rarissime qui ne se rencontre que dans la nature. Elle montre une puissante racine rampante sur laquelle poussent des troncs disposés comme une forêt, en nombre impair. Il est plus facile de travailler ainsi des conifères.

Choisissez un jeune plant et décapitez-le. Sur l'un des côtés, coupez toutes les branches ; sur le côté opposé, enlevez presque toutes les racines. Couchez l'arbre dans un pot, branches en l'air. Ligaturez ces dernières et formez-les comme autant de troncs.

Une autre technique, celle du marcottage chinois, demande une intervention beaucoup plus en amont, au moment de la reproduction. Sélectionnez un rameau sur la plante mère ; effeuillez-le, mais conservez les yeux. Allongez-le et recouvrez-le totalement de terre. De chaque œil naîtra une pousse verticale. Sevrez la marcotte l'hiver qui suit l'apparition des jeunes rameaux et déterrez-la avec tout son système radiculaire.

Adoptez un pot le moins profond possible, rectangulaire ou ovale, selon vos goûts.

Toute
la beauté
des styles
à troncs multiples
repose sur
l'harmonie
des proportions
des différents fûts.

Les formes en forêt

Les styles de forêt portent des noms différents selon le nombre d'individus qui les composent. Nous vous invitons à vous reporter aux pages 10-11 pour en avoir la liste complète.
Les règles fondamentales sont les mêmes pour tous : les arbres figurent toujours en nombre impair, et les troncs doivent être parfaitement visibles. Les arbres sont d'ordinaire travaillés dans les styles chokkan, moyogi ou shakan. Il est possible de mélanger les espèces, bien que ce soit peu courant. Si vous le faites, prenez garde à planter des espèces aux besoins comparables en eau, en chaleur, en soleil... D'une manière générale, d'ailleurs, il convient d'arroser plus souvent les forêts, qui sont logées vraiment très à l'étroit quant au volume de terre.
Ce sont peut-être les feuillus qui se prêtent le mieux à ce type de composition, mais les conifères – par exemple les épicéas, les thuyas, les faux cyprès – donnent également de bons résultats.
Au tout début du printemps, munissez-vous de jeunes plants en nombre impair. Choisissez-les d'âges et d'épaisseurs variables. Dénudez les racines et taillez-en environ la moitié, jamais plus. Mettez 1 centimètre de terre dans le pot et plantez les arbres en commençant par les deux ou trois plus gros, que vous placerez au premier plan : le plus fort devant, puis les deux autres par ordre décroissant. Disposez ensuite les sujets restants en dégradé vers l'extérieur. Afin d'éviter un effet d'uniformité, les arbres doivent tous être de taille différente.
On utilise pour les forêts des coupes extraplates, rectangulaires ou ovales, parfois même de simples dalles de pierre. La terre est le plus souvent couverte de mousse.

D'autres styles

Voici, rapidement résumées, deux autres formes.

Le style ishitsuki est pour le moins spectaculaire. Il est dit « sur rocher » ou encore « rupestre » et regroupe en fait deux variantes. Dans l'une, l'arbre pousse dans la roche, qui lui sert véritablement de pot ; dans l'autre, les racines, presque en totalité visibles, se développent sur le rocher avant de plonger en terre. Vous pourrez obtenir un magnifique sujet aux racines aériennes avec la quasi-totalité des espèces. Pour la première variante, en revanche, n'utilisez que des espèces aux besoins réduits : pins à cinq aiguilles, épicéas, cognassiers du Japon ainsi que des genévriers et des érables de Bürger que vous arroserez plus que d'ordinaire.
Dans le style neagari, les racines, presque entièrement exposées, viennent prolonger le tronc, donnant une impression de grande légèreté. Cette forme convient spécialement bien aux Ficus et aux glycines.

En haut :
les forêts comportent toujours un nombre impair d'arbres.
Tous les troncs doivent être visibles.

Ci-contre :
les formes ishitsuki (à gauche) et neagari (à droite) sont très spectaculaires.

- *Acer palmatum* (érable palmé)
- *Acer buergerianum* ou *Acer trifidum* (érable de Bürger)
- *Ampelopsis* (vigne vierge)
- *Aralia*
- *Bambusa* (bambou)
- *Bougainvillea* (bougainvillée)
- *Buxus* (buis)
- *Camellia* (camélia)
- *Carmona* (arbre à thé)
- *Chaenomeles* (cognassier du Japon)
- *Crataegus* (aubépine)
- *Cycas*
- *Eugenia* (eugénie)
- *Euonymus* (fusain)
- *Fagus crenata* (hêtre du Japon, ou crénelé)
- *Fagus sylvatica* (hêtre commun)
- *Ficus benjamina*
- *Ficus retusa*
- *Gardenia* (gardénias)
- *Ginkgo biloba* (ginkgo)
- *Juniperus chinensis* (genévrier de Chine)
- *Larix* (mélèze)
- *Malus halliana* (pommier à fleurs roses)
- *Malus pumila* (pommier commun)
- *Malus sieboldii*
- *Olea europaea* (olivier commun)
- *Picea jezoensis* (épicéa de Yedo)
- *Pinus mugo*
- *Pinus thunbergii* (pin noir du Japon)
- *Pinus pentaphylla* (pin à cinq aiguilles)
- *Pistacia* (pistachier)
- *Podocarpus*
- *Portulacaria afra* (pourpier en arbre)
- *Prunus* (prunier d'ornement)
- *Quercus robur* (chêne)
- *Rhododendron* (azalée)
- *Sageretia*
- *Schefflera*
- *Serissa*
- *Taxus* (if)
- *Ulmus parviflora chinensis* (orme de Chine)
- *Zelkova*

Les espèces conduites en bonsaï

Pour connaître les principales caractéristiques d'une espèce, suivez les pictogrammes !

extérieur

orangerie

intérieur

feuillage persistant

feuillage caduc

exposition directe

exposition indirecte

Acer

Grands classiques du jardin japonais, les érables sont à juste titre réputés pour leur beauté. Il ne se plaisent qu'à l'extérieur et demandent un arrosage régulier ainsi qu'une bonne exposition, en évitant le soleil direct.

Acer palmatum
Érable palmé
Var. 'Deshojoh'

Conseil : c'est à l'automne que l'érable palmé est en majesté. Son feuillage affiche alors tout le spectre des couleurs du feu, du jaune au rouge et au brun. Grâce à la taille des feuilles, le feuillage sera dense et petit. Le défoliage se fait au mois de juin, en général tous les deux ans, mais jamais l'année du rempotage. Cet arbre ne se plaît pas au soleil.

Acer buergerianum*, ou *trifidum
Érable de Bürger, ou trident

Conseil : *Acer buergerianum* est probablement l'espèce d'érable la plus courante en bonsaï, entre autres car il développe un pied spectaculaire. Pratiquez la taille de structure au mois de février, avant la pousse des feuilles. Appliquez du mastic cicatrisant sur les plaies. Taillez régulièrement les feuilles trop grandes. En hiver, protégez-le du gel.

Ampelopsis

À l'automne, la vigne vierge produit des grappes de fruits d'abord mauves, qui deviennent ensuite violet brillant. Attention, ils ne sont pas comestibles. En hiver, le feuillage disparaît pour environ un mois.

Ampelopsis bravipedunculata
Vigne vierge

Conseil : la plante peut passer la belle saison à l'extérieur, mais dans la plupart de nos régions elle doit être protégée l'hiver, car elle ne survit pas à une température inférieure à 12 °C. Dedans comme dehors, placez-la à l'abri des courants d'air, qu'elle ne supporte pas. En appartement, cependant, veillez à aérer régulièrement la pièce où elle est installée.

Aralia

Originaire d'Asie tropicale, l'*Aralia* aime la chaleur et l'humidité. Maintenez donc dans la pièce qui l'accueille une température au moins égale à 16 °C et veillez à ce que la motte soit en permanence humide.

Aralia ming

Conseil : dès que les branches comportent quatre ou cinq paires de feuilles, il convient de les tailler afin de les réduire à deux paires. Par ailleurs les feuilles trop grandes de l'*Aralia* peuvent être coupées aux ciseaux. À l'occasion du rempotage, tous les deux ans au mois d'avril, vous taillerez entre le tiers et la moitié des racines.

Bambusa

Planté en forêt, le bambou forme des bonsaïs très élégants et originaux. Provenant des régions tropicales et subtropicales, cette plante à la croissance très rapide est une graminée, tout comme l'herbe de nos champs.

Bambusa ventricosa
Bambou

Conseil : de par ses origines, le bambou a besoin de chaleur (jamais moins de 19 °C) et d'humidité. Un arrosage abondant est donc de rigueur, mais aussi un bon drainage, car l'eau ne doit pas stagner au niveau des racines, sous peine de pourrissement. La surface de la terre doit toujours être humide. Pour constituer une forêt, choisissez une coupe plate.

Bougainvillea

La bougainvillée, plante venue d'Amérique du Sud, fleurit au printemps, de mars à juin. Selon les espèces et les variétés, ses fleurs, de taille variable, sont roses, mauves, ou violettes et parfois même rouge brique.

Bougainvillea spectabilis
Bougainvillée

Conseil : pour favoriser la floraison, arrêtez tout arrosage une semaine avant l'apparition des fleurs. Arrosez ensuite modérément jusqu'à la fin de la floraison. La bougainvillée pose un vrai problème de conscience aux amateurs de bonsaïs : comme elle fleurit au bout des rameaux, il leur faut choisir entre densification du feuillage (et donc taille) et belle floraison…

Buxus

Cet arbuste qui peut atteindre plusieurs siècles vient de Chine méridionale. Dans le midi de la France, on peut le sortir l'été. Une autre espèce, *Buxus sinicio,* peut elle vivre dehors toute l'année s'il ne gèle pas.

Buxus harlandii
Buis

Conseil : il est inutile de tailler le feuillage, les feuilles étant par nature très petites. Rempotez tous les deux ans, en avril-mai. Taillez alors sévèrement les racines (la moitié). Mettez la plante dans un pot plus grand avec un quart de terre de bruyère, un quart de terre végétale, un quart de terreau et un quart de sable de rivière.

Camellia

Bonsaï d'extérieur, le camélia supporte le gel occasionnel jusqu'à – 12 °C. Quand on pense qu'on l'a longtemps considéré comme une plante d'orangerie ! Lorsqu'il neige, dégagez le feuillage, qui sinon sera brûlé.

Camellia japonica
Camélia

Conseil : pour favoriser la floraison, réduisez l'arrosage. Reprenez un arrosage normal dès que les boutons apparaissent. Lorsque vous vaporisez le feuillage, ce qui est nécessaire l'été, ne le faites pas sur les fleurs, cela leur serait fatal. Ne bassinez pas la plante lorsqu'elle est en boutons. *Camellia japonica* fleurit de mars à mai.

Carmona

Les feuilles du *Carmona,* originaire d'Asie du Sud-Est, servent à la préparation du thé, d'où l'autre nom de cet arbre. Ses petits fruits violets à bruns à maturité sont en revanche impropres à la consommation.

Carmona macrophylla
Arbre à thé

Conseil : bonsaï d'intérieur, l'arbre à thé réclame une température d'au moins 17 °C l'hiver. Dans le sud de la France, il peut vivre dehors à la belle saison. Pendant la période de végétation taillez régulièrement les rameaux qui ont atteint six ou sept feuilles pour les réduire à une ou deux. Après avoir taillé ou rempoté, pensez à diminuer l'arrosage.

Chaenomeles

Le cognassier du Japon séduit aussi bien par sa superbe floraison printanière rouge, rose ou blanche, que par ses petits fruits jaunes et odorants. Il se plie bien aux styles à troncs multiples ou en forêt.

Chaenomeles lagenaria
Cognassier du Japon

Conseil : l'arrosage de cette espèce est relativement délicat : si l'apport en eau est trop abondant, les fleurs ont tendance à faner ; s'il est insuffisant, les boutons n'éclosent pas. Arrosez donc régulièrement, en laissant bien ressuyer la terre pour favoriser l'apparition des fleurs. Ne brumisez jamais sur les fleurs ni sur les fruits, cela les ferait tomber.

Crataegus

Ses fleurs blanches ou roses, odorantes et très nombreuses, sont magnifiques. Elles apparaissent au printemps ou en été, suivant les espèces. La variété *cuneata* produit de petits fruits rouges en grande quantité.

Crataegus cuneata
Aubépine

Conseil : pour préserver votre bonsaï, éliminez les fruits en surnombre sur les branches trop chargées. Enlevez également les fleurs fanées et les fruits blets. Taillez les rameaux très court, soit avant la floraison, soit après l'apparition des fruits. Au mois de septembre, recommencez l'opération en raccourcissant légèrement les branches longues.

Cycas

S'il est placé en situation assez ensoleillée, le *Cycas* s'habitue bien à la vie en appartement. Bien exposé, il produira d'élégantes petites palmes. Elles se renouvelleront tous les deux ans, parfois tous les ans.

Cycas revoluta

Conseil : le *Cycas,* dont le tronc abrite une réserve d'eau, a la sobriété du chameau. Arrosez-le donc rarement, mais en abondance chaque fois. Pour obtenir des palmes au port élégant, orientez la pointe des jeunes pousses les plus basses vers le sol en la fixant avec un lien pendant quelque temps. Lorsque les palmes jaunissent, coupez-les à la base.

Eugenia

Le genre produit un familier de nos cuisines, le clou de girofle, bouton floral du giroflier *(Eugenia aromatica).* Les eugénies cultivées en bonsaï ont souvent un feuillage aromatique, et leurs baies sont parfois comestibles.

Eugenia uniflora
Pitanguier, ou cerisier de Cayenne

Conseil : pour le confort de votre eugénie, installez son pot sur un lit de pouzzolane humide. Rempotez tous les deux ou trois ans entre mars et mai. Taillez du tiers à la moitié des racines. Effectuez aussi une taille des branches : rabattez les grandes et coupez celles qui nuisent à l'esthétique. Comme toujours, appliquez du mastic cicatrisant sur les plaies.

Euonymus

Le fusain séduit les amateurs de bonsaïs, en grande partie grâce à son feuillage d'automne flamboyant. Ses colorations somptueuses vont du rose écarlate ou rouge en passant par le pourpre et l'orange.

Euonymus alatus
Fusain

Conseil : les fusains ont besoin de beaucoup de lumière, en particulier les espèces à feuillage caduc, comme *Euonymus alatus,* qui dépérissent à l'ombre. Les espèces à feuillage persistant, à l'inverse, se plaisent en situation ombragée.
Pour permettre la pollinisation, et donc avoir des fruits, il vous faudra posséder plusieurs individus.

Fagus

Cet arbre rustique vit dans les zones tempérées de l'hémisphère Nord, surtout en montagne. Ses feuilles sont marcescentes : elles flétrissent à l'automne, mais ne tombent qu'à l'apparition des nouvelles pousses.

Fagus crenata
Hêtre crénelé, ou du Japon

Conseil : parmi les quinze espèces de hêtres qui peuvent être cultivées en bonsaï, *Fagus crenata,* originaire du Japon, est l'une des plus courantes. Comme tous les hêtres, il est bien adapté à nos climats, mais doit cependant être protégé lorsque la température descend en dessous de – 5 °C, par exemple en couvrant le pot et les racines de paille ou de feuilles.

Fagus sylvatica
Hêtre commun

Conseil : son tronc est un peu plus trapu et gris que celui du hêtre crénelé, son feuillage plus grand. Comme les autres espèces, le hêtre commun a une croissance très lente. Vous ne taillerez donc pas le feuillage avant le début de l'été. Et ce tous les deux ans seulement, car ce traitement est épuisant pour l'arbre. Chaque année à la fin du printemps, pincez les jeunes pousses pour arrêter leur croissance. Ne laissez qu'une ou deux feuilles par pousse. *Fagus sylvatica* apprécie l'air humide, il faut le bassiner pendant la belle saison. N'hésitez pas à le rafraîchir matin et soir s'il fait très chaud ou si votre arbre est de petite taille. Arrosez en abondance en été, mais réduisez drastiquement l'apport en eau en hiver.

Ficus

Le genre *Ficus* réunit plus de six cents espèces. Mais il y a bien peu de points communs entre le figuier du pourtour de la Méditerranée, aux fruits succulents, et *Ficus benjamina,* grand classique des appartements.

Ficus retusa

Conseil : espèce au feuillage dense, aux feuilles vert franc et brillant naturellement petites, *Ficus retusa* est extrêmement proche de *Ficus benjamina.* Il émet lui aussi des racines aériennes de toute beauté, particulièrement noueuses. Attention, ce *Ficus* est très sensible aux variations brutales de la température. Il risque alors de perdre toutes ses feuilles.

Ficus benjamina
var. 'starlight'

Ficus benjamina

Conseil : cet arbre est apprécié en bonsaï pour ses esthétiques racines aériennes. Par ailleurs, il est d'une culture facile et convient bien aux débutants. Brumisez-le tous les jours, car il apprécie l'humidité, origines tropicales obligent ! Plante d'appartement bon marché, *Ficus benjamina* est idéal pour faire ses premiers pas dans la création de bonsaïs. D'autant que sa croissance rapide assure aux impatients des résultats spectaculaires. La variété 'Starlight' présente des feuilles très largement tachetées de blanc cassé.

Gardenia

Arbre originaire d'Asie tropicale, le gardénia produit des fleurs blanches au parfum très marqué. La plupart des bonsaïs *Gardenia jasminoïdes* n'ont pas été cultivés mais prélevés dans la nature et acclimatés en pot.

Gardenia jasminoïdes
Gardénia

Conseil : la durée de vie des fleurs du gardénia est très courte. Enlevez-les de la plante sitôt qu'elles ont jauni. Pour une bonne floraison, arrosez un peu plus (mais toujours assez peu) juste avant l'apparition des fleurs. N'apportez de l'engrais que lorsque la floraison est terminée. Préférez alors de l'engrais liquide organique à décomposition lente.

Ginkgo

Cette espèce est l'une des plus anciennes du monde, puisqu'elle existait déjà au jurassique. Sa longévité en dit long sur sa résistance ! Elle séduira les citadins par sa capacité à supporter aussi la pollution.

Ginkgo biloba
Ginkgo, ou arbre aux quarante écus

Conseil : le ginkgo produit beaucoup de racines. Aussi est-il indispensable de les tailler sévèrement à l'occasion du rempotage, tous les trois ans, au printemps. Installez votre bonsaï dans un pot assez profond, dans un tiers de terreau, un tiers de sable et un tiers de terre végétale. Cette dernière doit impérativement contenir de l'argile rouge et de la glaise noire.

Juniperus

Le genévrier est l'un des rares conifères dioïques, c'est-à-dire qui présente des sujets mâles et des sujets femelles. Les premiers donnent des fleurs jaunes en abondance, les seconds des fleurs vertes presque invisibles.

Juniperus chinensis
Genévrier de Chine

Conseil : il ne faut jamais tailler ses aiguilles aux ciseaux. On sculpte ce bonsaï en pinçant les nouvelles pousses, du printemps à l'automne. Pendant la même période, débarrassez régulièrement le feuillage de ses aiguilles jaunies. Bassinez-le généreusement l'été, de même que le tronc et les branches. La variété *sargentii* est la plus fréquente en bonsaï.

Larix

Le mélèze, conifère qui perd ses aiguilles l'hiver, est un arbre caractéristique des montagnes européennes, où il pousse en colonies jusqu'à 2 500 mètres d'altitude. L'importation de mélèzes bonsaïs asiatiques est interdite.

Larix decidua
Mélèze d'Europe

Conseil : le mélèze pousse naturellement droit. Pour modifier sa physionomie, ligaturez-le en l'été. Renouvelez l'opération autant d'années que nécessaire. Les aiguilles ne se taillent pas : on travaille l'arbre en pinçant les jeunes pousses au fur et à mesure de leur apparition. Raccourcissez les branches trop longues en les coupant entre deux touffes d'aiguilles.

Malus

La floraison des pommiers, qui se parent de blanc, de rose ou de rouge, est splendide. Les espèces sauvages sont particulièrement appréciées en bonsaï en raison de leurs petits fruits qui restent sur l'arbre après la chute des feuilles.

Malus halliana
Pommier à fleurs roses

Conseil : les pommes de cette espèce, rouges et comestibles, restent en place une bonne partie de l'hiver. Supprimez des fruits sur les branches trop chargées afin de ne pas fatiguer l'arbre, ni nuire à son aspect esthétique. Rempotez chaque année au printemps.

Malus pumila
Pommier commun

Malus pumila a des fleurs blanches ou roses et des fruits verts, jaunes ou rouges. Comme les autres espèces, ce pommier apprécie le soleil et reste insensible aux grosses chaleurs comme au vent. Il résiste bien au gel. À la fin de l'automne, ôtez les feuilles qui seraient restées sur l'arbre, elles favoriseraient la prolifération de parasites.

Malus sieboldii

Conseil : les fruits de cette espèce originaire du Japon sont rouges ou jaunes et très petits. À l'image des autres espèces, *Malus sieboldii* réclame un arrosage généreux, en particulier juste avant la floraison. Lorsque les fleurs sont sorties, arrosez moins. Si vous ligaturez, faites-le au printemps ou en été ; pensez à protéger l'écorce, qui est fragile.

Olea

Âgé, l'olivier a un tronc gris, fissuré et noueux très spectaculaire. Mais il vous faudra patienter de longues années avant que votre bonsaï ne prenne cette apparence… Cet arbre exige beaucoup de chaleur et de soleil.

Olea europaea
Olivier commun

Conseil : l'olivier ayant naturellement de petites feuilles, il n'est pas nécessaire de les tailler, ni d'effeuiller l'arbre. Nettoyez fréquemment les feuilles afin d'éviter que les pores ne se bouchent. Cette espèce aime les sols secs et craint l'humidité, arrosez donc peu souvent, mais en abondance chaque fois. Ne laissez pas la terre s'assécher complètement.

Picea

Souvent confondu avec le sapin, l'épicéa s'en distingue pourtant par sa cime toujours pointue, ses rameaux et ses cônes pendants. L'épicéa de Yedo est originaire du nord-est de l'Asie et du Japon.

Picea jezoensis
Épicéa de Yedo

Conseil : de par ses origines, l'épicéa de Yedo, arbre des montagnes, aime les situations ventées. Il craint les gelées printanières, car ses nouvelles pousses apparaissent tôt. Pour obtenir une ramure bien horizontale, sectionnez les rameaux qui poussent vers le bas ou vers le haut. Attention, l'épicéa aime l'humidité, mais a les sols détrempés en horreur.

Pinus

Le pin est LE bonsaï par excellence, tellement il est associé à cet art, en particulier au Japon, où les collectionneurs en possèdent de splendides sujets. Certains pins vivent six cents ans.

Pinus mugo

Conseil : la taille des racines est une opération assez délicate. Conservez un système radiculaire suffisant et prenez garde de ne pas abîmer la racine principale. Opérez à l'occasion du rempotage, au mois d'avril, tous les trois à cinq ans selon l'âge de l'arbre, et jamais l'année de l'acclimatation. Brossez souvent la mousse qui a tendance à se développer au bas du tronc.

Pinus thunbergii
Pin noir du Japon

Conseil : venu du Japon et de Corée, *Pinus thunbergii* est une espèce très répandue en bonsaï, notamment au Japon. Pour obtenir un feuillage à la fois dense et petit, supprimez la totalité des nouvelles aiguilles au printemps, quand elles sont encore tendres. Ne réalisez cette taille que tous les deux ou trois ans, et jamais l'année du rempotage.

Pinus pentaphylla
Pin à cinq aiguilles

Conseil : Ce pin aux branches et au tronc tortueux lorsqu'il est âgé vient du Japon. Il a besoin de soleil, qui aura aussi pour effet de miniaturiser ses aiguilles.
Un arrosage modéré au printemps accentuera ce phénomène.
Ligaturez de l'automne au printemps.
Le fil reste en place une dizaine de mois. Attention à ce qu'il ne s'incruste pas.

Pistacia

Parmi les espèces du genre, citons *Pistacia vera,* dont les graines sont les pistaches que nous consommons à l'apéritif. Le lentisque *(Pistacia lentiscus),* quant à lui, est connu depuis l'Antiquité pour sa résine.

Pistacia lentiscus
Lentisque, ou arbre au mastic

Conseil : le lentisque est un arbre assez rare en bonsaï, à l'inverse du pistachier de Chine *(Pistacia chinensis),* mais qui gagne à être connu. Son feuillage est persistant et ses fruits sont toxiques. Cette espèce déteste que l'on taille trop sévèrement ses racines. Mieux vaut procéder petit à petit, à l'occasion des rempotages, tous les deux ou trois ans.

Podocarpus

Ce conifère des régions tropicales et subtropicales de l'hémisphère Sud est parfois nommé « pin des bouddhistes », car il pousse volontiers en Chine et au Japon. Bonsaï, il peut être sorti l'été dans le sud de la France.

Podocarpus nagi
Maki

Conseil : très résistant, cet arbre à la croissance très lente doit cependant bénéficier de beaucoup de lumière. S'il en manque, il s'étiolera, et ses feuilles croîtront à l'excès. *Podocarpus nagi* aime les terres meubles. Remplissez son pot à parts égales de terre végétale, de terreau, de terre de bruyère et de sable. Assurez un bon drainage et n'arrosez pas trop.

Portulacaria

Au printemps, cette plante au feuillage persistant et charnu produit des grappes de petites fleurs rose pâle. Elle est originaire d'Afrique australe et ne constitue donc pas un bonsaï très classique.

Portulacaria afra*, ou *fruticosa
Pourpier en arbre

Conseil : en général on travaille ce bonsaï par des tailles et non par des ligatures. Procédez à la taille de structure entre les mois d'avril et d'octobre. Après l'avoir changé de pot (tous les deux ans au printemps), laissez votre pourpier sans eau pendant deux semaines. D'une manière générale, il demande peu d'arrosage l'été et quasiment pas l'hiver.

Prunus

Ce genre réunit plus de deux cents membres, parmi lesquels les pêchers, les cerisiers, les amandiers et les abricotiers. Nombre d'espèces sont cultivées pour leur floraison magnifique. C'est le cas de *Prunus cerasifera.*

Prunus cerasifera
Prunier d'ornement

Conseil : ses fleurs sont blanches ou roses selon les variétés. Taillez les rameaux après la chute des fleurs, cela assurera une belle floraison l'année suivante et évitera que les branches ne cassent durant l'hiver. Protégez vos *Prunus* dès que la température descend en dessous de 7 °C. Mettez-les en serre froide ou couvrez le pot et le pied de paille.

Quercus

Dans l'Antiquité le chêne était sacré. Les Grecs le considéraient comme le premier des arbres, planté par Zeus. Il est rarement cultivé en bonsaï, car très difficile à conserver.

Quercus robur
Chêne pédonculé

Conseil : le chêne a impérativement besoin d'une coupe profonde, car sa racine principale s'enfonce beaucoup. C'est cet enracinement en profondeur qui rend sa culture en pot si difficile. Chez les arbres jeunes, raccourcissez peu à peu cette racine à la faveur des rempotages (tous les trois ans au printemps). Conservez un système radiculaire assez dense.

Rhododendron

La différence entre l'azalée et le rhododendron est ténue : les fleurs de l'une comptent cinq étamines, celles de l'autre, au moins dix. Inutile de dire que leur nom est presque synonyme !

Rhododendron indicum,* ou *lateritium
Rhododendron

Conseil : le rhododendron est l'une des espèces les plus cultivées en bonsaï en raison de ses superbes fleurs. Il demande un arrosage très régulier, car ses racines sèchent vite, ce qui est fatal à l'arbre. Utilisez de préférence de l'eau de pluie, sinon vous devrez rempoter tous les ans. N'arrosez pas la veille du ligaturage afin de durcir les branches.

Sageretia

En Chine méridionale, dont cet arbre est originaire, on utilise parfois ses feuilles pour préparer le thé. Les spécimens en bonsaï que l'on trouve chez nous ont souvent été prélevés dans la nature chinoise et exportés.

Sageretia theezans

Conseil : cet arbre tropical parmi les plus robustes a besoin de chaleur constante (jamais moins de 12 °C) et de lumière pour conserver un feuillage d'un beau vert. Côté eau, il est assez exigeant, mais ne le noyez pas non plus : laissez la terre sécher entre les arrosages, qui seront généreux. S'il a trop d'eau, le *Sageretia* perdra ses feuilles.

Schefflera

Ces espèces au feuillage toujours vert poussent à l'état naturel en Australie, en Nouvelle-Guinée, à Java et dans les îles du Pacifique. Là, elles peuvent atteindre une trentaine de mètres de haut.

Schefflera aurea

Conseil : les *Schefflera,* assez rares sous forme de bonsaïs, sont bien adaptés aux styles sur roche. Si le vôtre se présente ainsi, ayez soin de maintenir humide la roche volcanique poreuse sur laquelle il est installé. Mais ne laissez jamais d'eau stagner dans le pot. Si l'arbre est peu arrosé, ses feuilles seront naturellement plus petites.

Serissa

Cette espèce doit son appellation latine de *foetida* à l'odeur peu agréable qu'exhalent son écorce, ses racines et ses feuilles lorsqu'on les froisse. Elle reste pourtant intéressante par son port élégant et sa floraison.

Serissa foetida

Conseil : le Serissa demande un entretien constant : supprimez les fleurs fanées et les feuilles qui ont jauni. Coupez les branches mortes et les rejets sur tout le tronc, qui épuisent la plante. Cet arbuste ne pousse pas ses racines en profondeur, il s'accommode donc bien d'un pot presque plat, surtout quand il est jeune. Il se prête bien à la culture en forêt.

Taxus

Ce conifère a une longévité exceptionnelle : il peut vivre plus de mille ans, parfois même deux mille. Attention, toutes ses parties sont toxiques, sauf les arilles. Ne laissez pas les enfants le toucher.

Taxus baccata
If commun

Conseil : pour sculpter votre arbre, les ligatures sont indispensables. Procédez entre septembre et mars. L'if se prête bien à tous les styles comportant du bois sec. Vous pourrez effectuer l'écorçage des branches (le jin) et du tronc (le shari) en hiver. *Taxus cuspidata,* qui vient du Japon et ressemble beaucoup à *Taxus baccata,* est le plus courant en bonsaï.

Ulmus

À l'inverse des autres ormes, *Ulmus chinensis* a un feuillage persistant. Comme eux, en revanche, il semble épargné par la graphiose, maladie qui a presque fait disparaître les ormes de nos paysages.

Ulmus parviflora chinensis
Orme de Chine

Conseil : l'orme de Chine supporte une relative fraîcheur l'hiver : entre 4 °C et 17 °C. Sachez cependant que plus la température est basse, moins il a de feuilles. Il les perdra même totalement en cas de gel. Pour redonner forme à votre orme, taillez les rameaux très court fin février. Réalisez ensuite des tailles d'entretien sur les pousses trop longues.

Zelkova

Le *Zelkova* est très proche de l'orme par sa morphologie. La forme en balai (hôkidachi) le met particulièrement en valeur. On utilise alors une coupe extraplate. L'espèce *serrata* est originaire du Japon, de Corée et de Chine.

Zelkova serrata*, ou *acuminata

Conseil : c'est grâce à la taille surtout que l'on modèle le *Zelkova*. Le ligaturage est assez rare (mais possible de mars à octobre). Au printemps et en été, coupez les nouvelles pousses après deux ou trois feuilles. Quand elles sont encore tendres, vous pouvez aussi les pincer. En hiver, enlevez les grosses branches inesthétiques et égalisez les rameaux.

Les associations d'amateurs

Pour échanger des conseils et discuter entre passionnés. Elles vous indiqueront aussi où suivre des cours dans votre région, vous livreront les adresses des meilleurs spécialistes. Elles sont maintenant très nombreuses en France, et nous ne pouvons les citer toutes. La Fédération française de bonsaïs vous en fournira une liste complète, notamment sur son site Web.

Fédération française de bonsaïs,
355, route de Bouilh,
33240 Saint-André-de-Cubzac,
tél. 05.57.43.60.55.
Elle édite la revue *France Bonsaï.*
Site Web : www.bonsai-fr.com/

Ain : Bonsaï Club Ain-Jura, 01100 Oyonnax, tél. 04.74.73.71.47. ❖ **Aisne :** Bonsaï Club de Haute-Picardie, 02230 Le Fresnoy-le-Grand, tél. 03.23.09.16.75. ❖ **Alpes-de-Haute-Provence :** Bonsaï Yamadori, 04220 Saint-Tulle, tél. 04.92.78.23.62. ❖ **Alpes-Maritimes :** Bonsaï Club d'Antibes, 06200 Nice, tél. 04.93.83.63.23. ❖ **Ardennes :** Bonsaï Charleville-Mézières, 08000 Charleville-Mézières, tél. 03.24.33.16.39. ❖ **Aude :** ABC du bonsaï, 11000 Carcassonne, tél. 04.68.25.77.35. ❖ **Aveyron :** Millau bonsaï Grands Causses, 12100 Millau, tél. 05.65.60.72.45. ❖ **Bouches-du-Rhône :** Bonsaï Club Sainte-Victoire, 13710 Fuveau, tél. 04.42.58.76.41. ❖ **Calvados :** Bonsaï Club Basse-Normandie, 14123 Ifs, tél. 02.31.83.49.40. ❖ **Charente :** Bonsaï Club de Charente, 16400 Puymoyen, tél. 05.45.65.57.63. ❖ **Charente-Maritime :** Bonsaï Club de Saintonge, 17100 Saintes, tél. 05.46.74.35.95. ❖ **Cher :** Bonsaï Club de Bourges, 18000 Bourges, tél. 02.48.50.38.77. ❖ **Côte-d'Or :** Bonsaï gaulois, 21150 Mussy-la-Fosse, tél. 03.80.96.19.44. ❖ **Côtes-d'Armor :** Bonsaï Loisir Saint-Brieuc, 22800 Quintin, tél. 02.96.74.87.26. ❖ **Doubs :** Bonsaï franc-comtois, 25000 Besançon, tél. 03.81.63.82.47. ❖ **Drôme :** Bonsaï Club drômois, 26270 Cliousclat, tél. 04.75.63.12.27. ❖ **Eure :** Bonsaï Club du Manoir, 27460 Igoville, tél. 02.35.23.92.88. ❖ **Finistère :** Bonsaï Club de l'Iroise, 29590 Le Faou, tél. 02.98.43.47.97. ❖ **Haute-Garonne :** Bonsaï Club toulousain, 31270 Toulouse, tél. 05.61.92.87.84. ❖ **Gers :** Bonsaï Club gersois, 32500 Fleurance, tél. 05.62.06.29.49. ❖ **Gironde :** Bonsaï et nature, 33600 Pessac, tél. 05.56.07.33.79. ❖ **Hérault :** Bonsaï Club de Montpellier, 34080 Montpellier, tél. 04.67.79.47.67. ❖ **Isère :** ABCD Bonsaï, 38100 Grenoble, tél. 04.76.62.98.47. ❖ **Jura :** Bonsaï passion Jura, 39100 Dole, tél. 03.84.70.66.09. ❖ **Landes :** Club Landes bonsaï, 40410 Saugnac-et-Muret, tél. 05.58.07.78.05. ❖ **Loir-et-Cher :** Bonsaï Club blésois, 41350 Saint-Claude-de-Diray, tél. 02.54.43.81.32. ❖ **Loire :** Bonsaï Club du Forez, 42340 Veauche, tél. 04.77.54.78.08. ❖ **Loire-Atlantique :** Club des amis du bonsaï, 44300 Nantes, tél. 02.40.59.50.39. ❖ **Loiret :** Bonsaï Club du Val de Loire,

45000 Orléans, tél. 02.38.62.58.63. ❖ **Lot :** Bonsaï Club lotois, 46000 Cahors, tél. 05.65.36.68.18. ❖ **Maine-et-Loire :** Bonsaï Club d'Anjou, 49000 Angers, tél. 02.41.66.55.04. ❖ **Manche :** Bonsaï Club du Mortainais, 50140 Saint-Jean-du-Corail, tél. 02.33.69.48.07. ❖ **Marne :** Bonsaï Club de Reims, 51100 Reims, tél. 03.26.08.21.69. ❖ **Morbihan :** Bonsaï Bretagne Lorient, 56440 Languidic, tél. 02.97.65.89.26. ❖ **Moselle :** Bonsaï Club de Lorraine, 57000 Metz, tél. 03.87.75.13.06. ❖ **Nièvre :** Bonsaï Club de la Nièvre, 58860 Coulanges-lès-Nevers, tél. 03.86.26.23.72. ❖ **Nord :** Art Bonsaï Cambraisis, 59400 Cambrai, tél. 03.27.83.04.06. ❖ **Oise :** Bonsaï Club du Vexin, 60240 Chaumont-en-Vexin, tél. 03.44.49.64.95. ❖ **Orne :** Société d'horticulture de l'Orne, 61000 Alençon, tél. 02.33.82.69.70. ❖ **Pas-de-Calais :** Bonsaï Club du Calaisis, 62100 Calais, tél. 03.21.96.73.99. ❖ **Pyrénées-Atlantiques :** Club palois du bonsaï, 64000 Pau, tél. 05.59.02.97.38. ❖ **Pyrénées-Orientales :** Bonsaï Club Kobayashi, 66150 Arles-sur-Tech, tél. 04.68.83.93.90. ❖ **Bas-Rhin :** Club des amis des jardins japonais, 67200 Strasbourg, tél. 03.89.69.12.31. ❖ **Haut-Rhin :** Yamadori Bonsaï Club Rouffach, 68250 Rouffach, tél. 03.89.76.16.17. ❖ **Rhône :** Bonsaï Nature, 69005 Lyon, tél. 04.78.25.33.31. ❖ **Saône-et-Loire :** Bourgogne Bonsaï Club, 71640 Dracy-le-Fort, tél. 03.85.44.33.41. ❖ **Sarthe :** les Amis du bonsaï, 72560 Changé, tél. 02.43.84.62.32. ❖ **Savoie :** Bonsaï Club, 73170 Saint-Pierre-d'Alvey, tél. 04.79.65.93.00. ❖ **Haute-Savoie :** Yamadori Bonsaï Club, 74800 la Roche-sur-Foron, tél. 04.50.25.99.28. ❖ **Seine-Maritime :** Atelier du bonsaï, 76770 Malaunay, tél. 02.35.74.87.72. ❖ **Seine-et-Marne :** Brie Bonsaï Club, 77176 Savigny-le-Temple, tél. 01.64.06.09.05. ❖ **Yvelines :** les Amis du bonsaï de Plaisir, 78370 Plaisir, tél. 01.34.81.15.29. ❖ **Deux-Sèvres :** Bonsaï Deux-Sèvres, 79800 Salles, tél. 05.49.05.17.49. ❖ **Tarn :** Bonsaï Club alibigeois, 81150 Marsac-sur-Tarn, tél. 05.63.55.23.91. ❖ **Tarn-et-Garonne :** Bonsaï Club de Montauban, 82800 Nègrepelisse, tél. 05.63.64.21.50. ❖ **Var :** Bonsaï Club du Var, 83190 Ollioules, tél. 04.94.06.05.46. ❖ **Vaucluse :** Bonsaï Club d'Avignon, 84000 Avignon, tél. 04.90.82.25.41. ❖ **Vienne :** Bonsaï Club de Poitiers, 86000 Poitiers, tél. 05.56.07.33.79. ❖ **Haute-Vienne :** Bonsaï Club du Limousin, 87000 Limoges, tél. 05.55.39.62.22. ❖ **Vosges :** Bonsaï Club de La Bresse, 88250 La Bresse, tél. 03.29.25.54.66. ❖ **Yonne :** Société horticole de Sens, 89100 Sens, tél. 03.86.95.38.72. ❖ **Essonne :** AFAB, 91560 Crosne, tél. 01.69.48.68.69. ❖ **Hauts-de-Seine :** Bonsaï Point du jour, 92140 Clamart, tél. 01.47.36.14.55. ❖ **Val-d'Oise :** Bonsaï Club de Saint-Gratien, 95210 Saint-Gratien, tél. 01.39.89.48.13. ❖ **Guyane :** Tie Pie Bwa, 97374 Kourou cedex, tél. 05.94.22.30.48. ❖ **Martinique :** Tropik Bonsaï Club, 97222 Case-Pilote, tél. 05.96.78.78.88. ❖ **La Réunion :** Amateurs de bonsaï de La Réunion, 97434 Saint-Gilles-les-Bains, tél. 05.62.24.00.46.

Les bonsaïs en ligne

www.bonsai-fr.com : *le site de la Fédération française de bonsaïs. C'est LE site à visiter. Il vous donnera toutes les autres adresses intéressantes, vers lesquelles il propose des liens. Il vous mettra également en contact avec des forums de discussion en ligne. Il présente par ailleurs un calendrier très complet des expositions et stages partout en France, des articles techniques et une rubrique de questions/réponses.*

Parmi les multiples autres sites qui existent sur le sujet, citons :

❖ **Le livre Internet des bonsaïs** (www.microtec.net/mhcgdd/bonsai.htm) : comme son nom l'indique... Un site québécois intéressant, avec photos, bibliographie et liens vers d'autres sites.

❖ **Le site de la boutique l'Arbre de vie** (www.larbredevie.com) : un tour d'horizon complet du sujet. Et bien sûr des bons de commande... Nombre de spécialistes du bonsaï ont leur site, mais tous ne sont pas aussi bien faits.

❖ **Un index de sites francophones sur le sujet :** www.ifrance.com/shizencom/shizen/bwrf/bwrfmain.htm

Bibliographie succincte

❖ **L'Art des bonsaïs,**
Isabelle et Rémy Samson, éditions Rustica, 1996, 224 p.,100 F.

❖ **Bonsaï,**
Ulrich Dietiker, éditions Payot-Lausanne, 1992, 95 p., 45 F.

❖ **Bonsaïs d'intérieur et d'extérieur :**
comment les entretenir, Denis Sebban, éditions Ulmer, 1997, 96 p., 98 F.

❖ **Bonsaïs pratique :**
cahiers de l'apprenti, Joseph Somm, éditions Somm, 1996, 96 p., 77 F.

❖ **Les Bonsaïs,**
Alain Barbier et Erika Laïs, éditions Rustica, 2001, 119 p., 85 F.

❖ **Les Bonsaïs,**
Gianfranco Giorgi, collection « Guides verts », éditions Solar, 2001, 256 p., 129 F.

❖ **Les Bonsaïs,**
Christian Pessey, éditions Bordas, 1999, 128 p., 79 F.

❖ **Comment créer et entretenir vos bonsaïs,**
Isabelle et Rémy Samson, Bordas, 1998, 192 p., 199 F.

❖ **Comment créer et entretenir vos bonsaïs d'intérieur,**
John Ainsworth, éditions Bordas, 1990, 128 p., 220 F.

❖ **Réussir les bonsaïs,**
Daniel Puiboube, éditions Marabout, collection « Guides pratiques », 1996, 96 p., 34 F.

❖ **Réussir son bonsaï :**
conseils pratiques, Jean-Daniel Nessmann, éditions SAEP, 1989, 155 p., 88 F.

❖ **Vos bonsaïs en pleine forme :**
santé, maladies, parasites, Joseph Somm, éditions Somm, 1998, 58 p., 49 F.

Aisselle
angle que forme un rameau avec une feuille ou une branche, une branche avec une tige, etc.

Alterne
qualifie les feuilles ou les branches disposées en quinconce sur la tige.

Axillaire
qui part de l'aisselle.

Bassinage, ou brumisation, ou vaporisation
humidification par brumisation du feuillage. Se pratique avec un vaporisateur.

Brumisation
voir bassinage.

Chevelu
ensemble des racines aussi fines que des cheveux.

Collet
partie d'où partent d'un côté le tronc, de l'autre les racines.

Composée
adjectif qualifiant une feuille comportant plusieurs folioles.

Cryptogamique
se dit d'une affection causée par des champignons, des bactéries, des algues, des mousses…

Cultivar
variété de plante cultivée obtenue par sélection.

Foliole
partie d'une feuille composée.

Fongicide
produit servant à traiter les maladies cryptogamiques dues aux champignons.

Ligaturage
technique consistant à entourer les branches ou le tronc d'un fil de cuivre pour les maintenir à la forme voulue.

Limbe
partie élargie et plane de la feuille.

Marcescent
qui se flétrit sur la plante sans se détacher. Par exemple des feuilles.

Marcottage
technique de multiplication par laquelle une tige est mise en terre pour y prendre racine avant d'être séparée de la plante mère.

Nœud
point d'insertion d'une feuille sur une tige.

Œil
jeune bourgeon.

Opposé
se dit des feuilles placées par paires.

Pétiole
queue de la feuille.

PH
symbole chimique indiquant l'acidité, d'un sol par exemple. S'il est égal à 7, le sol est neutre ; inférieur à 7 il est acide ; supérieur à 7, basique.

Pincement
mode de taille ; action de sectionner l'extrémité de certains rameaux, le plus souvent entre deux ongles.

Pousse
jeune rameau.

Rabattre
tailler très court.

Radicelles
fines ramifications des racines.

Rejet
pousse qui se développe à la base du tronc.

Repiquer
Transplanter une jeune plante à sa place définitive.

Ressuyer
sécher, en parlant de la terre d'une plante.

Rustique
qualifies les espèces qui résistent bien aux intempéries, en particulier au gel.

Shabamiki
technique de vieillissement consistant à évider le tronc.

Shari
technique de vieillissement consistant à enlever une bande d'écorce sur le tronc.

Stratification
technique permettant la germination de certaines graines. On les dispose en couches dans du sable humide pendant six mois à un an.

Succulent
qualifie un organe ou une plante riche en tissus charnus retenant l'eau.

Vaporisation
voir bassinage.

Variété
plante qui diffère des autres de son espèce par un ou plusieurs caractères.

Crédits photographiques

Bonsaï Remy Samson :
Isabelle Samson : 5, 41, 51, 55 b, 63 m et h d, 66, 67, 70-71, 74, 81 b, 87 b, 90-91, 92, 94.

Mise au Point :
Arnaud Descat : 7, 13, 15 h, 21 b d, 29 b g, 33 h et d, 68, 73, 79, 84, 86, 89, 93, 95, 100, 103.
Frédéric Didillon : 63 m d
Fred Lamarque : 64.
Patrick Mioulane : 13 d, 17, 19, 21 h m, 22, 27, 29 h et bd, 33 b, 36-37, 44-45, 49 h, 65, 69, 72, 75, 76, 77, 78, 80, 82, 83, 85, 87 h, 88, 96, 97, 98, 99, 101, 102.
Friedrich Strauss : 81 h, 49 b.

Matthieu Prier :
2, 8-9, 15 b, 25, 38-39, 48, 50, 53, 55 h, 57, 59, 61, 63 b d.

Photographies de la couverture :
SAEP/Jean-Luc SYREN

Illustrations :
Laurianne Dardenne

Réalisé par COPYRIGHT pour les éditions S. A. E. P.

Conception graphique : Alison Murphy et Irène Thomas
Mise en pages : Frédérique André et Jacqueline Leymarie
Coordination éditoriale : Gracieuse Licari

Dépôt légal 4e trim. 2001 - n° 2609

Imprimé en U.E.